"十二五"江苏省高等学校重点教材（编号：2015-2-037）
高等院校汽车类创新型应用人才培养规划教材
汽车专业模块化系列教材

汽车发动机机械系统

主　编　李国庆
副主编　唐金花　王群山
主　审　鲁植雄

内 容 简 介

本书借鉴德国高等学校汽车专业课程体系及德国手工业协会教材特色,从工程应用角度出发,介绍了汽车发动机机械系统的结构、原理、故障诊断及检修方法,集结构、原理、故障诊断为一体,彰显专业理论知识的系统性、紧体性和科学性。 全书共分 4 章,分别为汽车机械系统维修基础、汽车发动机构造与工作原理、汽车发动机拆卸与装配、汽车发动机检修。 本书内容丰富全面,图文并茂,实用性强。

本书可作为高等学校汽车服务工程、车辆工程、交通运输及相关专业的本科生教材,也可供汽车服务企业技术人员、管理人员及汽车爱好者阅读参考。

图书在版编目(CIP)数据

汽车发动机机械系统/李国庆主编. —北京:北京大学出版社,2016.12
高等院校汽车类创新型应用人才培养规划教材
ISBN 978-7-301-27786-7

Ⅰ. ①汽… Ⅱ. ①李… Ⅲ. ①汽车—发动机—机械系统—高等学校—教材 Ⅳ. ①U472.43

中国版本图书馆 CIP 数据核字(2016)第 282804 号

书　　　名	汽车发动机机械系统 QICHE FADONGJI JIXIE XITONG
著作责任者	李国庆　主编
策 划 编 辑	童君鑫
责 任 编 辑	李娉婷
标 准 书 号	ISBN 978-7-301-27786-7
出 版 发 行	北京大学出版社
地　　　址	北京市海淀区成府路 205 号　100871
网　　　址	http://www.pup.cn　新浪微博:@北京大学出版社
电 子 信 箱	pup_6@163.com
电　　　话	邮购部 010-62752015　发行部 010-62750672　编辑部 010-62750667
印 刷 者	北京虎彩文化传播有限公司
经 销 者	新华书店
	787 毫米×1092 毫米　16 开本　11.25 印张　258 千字 2016 年 12 月第 1 版　2023 年 6 月第 3 次印刷
定　　　价	45.00 元

未经许可,不得以任何方式复制或抄袭本书之部分或全部内容。
版权所有,侵权必究
举报电话: 010-62752024　电子信箱: fd@pup.pku.edu.cn
图书如有印装质量问题,请与出版部联系,电话: 010-62756370

前　　言

汽车产业是我国国民经济发展支柱产业，连续5年产量和销量位居世界第一位，国内汽车年产销量已超过2000万辆，且市场需求持续旺盛。汽车产业的迅猛发展需要大量从事汽车后市场服务的高端人才。在此背景下，全国有120余所本科院校顺应汽车后市场人才需求热潮，纷纷开设汽车服务工程专业，为汽车后市场输送了大量的技术人才。但随着汽车高度电子化、智能化的发展，汽车已发展成为集计算机技术、智能控制技术、光电传输技术、新工艺和新材料为一体的高科技载体，汽车新技术的不断涌现及检测、诊断仪器设备的智能化和自动化，使得汽车服务企业对人才知识、能力的要求日益提升。因此，编写系统性、整体性强的专业模块化系列教材，对培养具有工程实践能力和创新能力应用型人才意义重大。

"他山之石，可以攻玉"。为满足社会对高端汽车服务业人才的迫切需求，编者借鉴德国高等学校汽车专业课程体系及德国手工业协会教材特色，集汽车各系统的构造、原理、故障诊断等知识于一体，与中外相关汽车服务行业专家共同制定了以"实践为主、学术并重"的模块化、本土化教材编写大纲及教材编写标准，并根据多年从事汽车服务工程专业的教学经验，编写本系列教材。

本系列教材包括《汽车发动机机械系统》《汽车底盘机械系统》《汽车发动机管理系统》《汽车底盘控制系统》《汽车车身控制系统》，其特色如下：

（1）打破学科体系下的教材编写模式，将课程内容模块化，紧扣工程实际，从汽车的结构原理出发，分析故障产生的机理、原因。

（2）在内容结构顺序上先简述汽车各系统的构造和原理，再详细分析各系统故障诊断的思路、方法，并用经典故障案例加以佐证。

（3）内容丰富全面，信息量大，内容翔实、图文并茂、技术先进、实用性强。

《汽车发动机机械系统》系统地阐述了汽车发动机机械系统的结构、工作原理、故障诊断及检修方法等，主要内容包括汽车机械系统维修基础、汽车发动机构造与工作原理、汽车发动机拆卸与装配、汽车发动机检修，并以典型汽车为例，详细阐述了故障诊断的具体流程。

《汽车发动机机械系统》由江苏理工学院李国庆担任主编并统稿，江苏理工学院唐金花、王群山担任副主编，蒋科军参编，其中：第1章由蒋科军编写，第2章、第3章由王群山编写，第4章由唐金花编写。

《汽车发动机机械系统》由南京农业大学鲁植雄教授主审，鲁植雄教授仔细阅读了全书的原稿，并提出了许多建设性意见，在此表示最诚挚的谢意。

本系列教材在编写过程中，编者得到了大众奥迪汽车4S站、宝马4S站等企业技术人员的大力支持；同时参考了部分企业内训材料和图书出版资料，谨此表示衷心的感谢和崇高的敬意。

由于编者水平有限，加之经验不足，书中难免存在不妥之处，恳请广大读者批评指正。

编　者
2016年6月

目　录

第1章　汽车机械系统维修基础 ········ 1

1.1　汽车维修基础知识 ············ 2
　1.1.1　汽车维修主要内容与方法 ········ 2
　1.1.2　汽车维修制度 ············ 3
　1.1.3　汽车维修技术档案管理 ······ 4
1.2　汽车维修常用量具 ············ 5
1.3　汽车维修常用工具与维修设备 ··· 11
习题 ························· 18

第2章　汽车发动机构造与工作原理 ···· 20

2.1　发动机总体构造 ············· 21
　2.1.1　曲柄连杆机构 ··········· 21
　2.1.2　配气机构 ············· 32
　2.1.3　发动机燃料供给系统 ······· 40
　2.1.4　冷却系统 ············· 51
　2.1.5　润滑系统 ············· 57
　2.1.6　起动系统 ············· 59
2.2　发动机工作原理 ············· 60
　2.2.1　汽油机的工作原理 ········ 61
　2.2.2　柴油机的工作原理 ········ 62
2.3　发动机性能指标及特性 ········· 63
2.4　内燃机产品名称和型号编制规定 ············ 65

第3章　汽车发动机拆卸与装配 ······ 67

3.1　发动机总成拆卸与装配 ········· 68
　3.1.1　发动机的技术数据 ······· 68
　3.1.2　发动机拆卸和装配 ······· 69
3.2　发动机燃油供给系统拆卸与装配 ··············· 71
3.3　发动机进排气系统拆卸与装配 ··············· 75
　3.3.1　涡轮增压系统部件的拆卸与装配 ············ 75

3.3.2　进气冷却系统部件拆卸与装配 ············ 78
3.3.3　排气系统部件拆卸与装配 ············ 78
3.4　发动机机械系统拆卸与装配 ··· 81
　3.4.1　发动机附件的拆卸与装配 ············ 81
　3.4.2　气缸盖的拆卸与装配 ····· 85
　3.4.3　配气机构的拆卸与装配 ··· 87
　3.4.4　发动机冷却系统的拆卸与装配 ············ 92
　3.4.5　曲柄连杆机构的拆卸与装配 ············ 98
3.5　发动机装配调整与磨合 ······ 104
　3.5.1　发动机装配调整 ······· 104
　3.5.2　发动机的磨合 ········· 107

第4章　汽车发动机检修 ········ 110

4.1　气缸技术状况检测 ·········· 111
　4.1.1　气缸压缩压力检测 ······ 111
　4.1.2　曲轴窜气量检测 ······· 113
　4.1.3　气缸漏气率检测 ······· 113
4.2　曲柄连杆机构检修 ·········· 114
　4.2.1　曲轴检修 ············ 114
　4.2.2　活塞与连杆检修 ······· 115
　4.2.3　连杆轴瓦检修 ········· 118
　4.2.4　气缸体与气缸盖检修 ···· 118
4.3　配气机构检修 ············· 121
　4.3.1　进气系统部件检修 ······ 125
　4.3.2　排气系统部件检修 ······ 127
4.4　润滑系统检修 ············· 128
　4.4.1　润滑系统检查 ········· 128
　4.4.2　机油泵检修 ·········· 132
4.5　冷却系统检修 ············· 133
　4.5.1　冷却液排空加注 ······· 133
　4.5.2　冷却系统密封性检查 ···· 137
　4.5.3　水泵检修 ············ 137

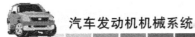

　　4.5.4　散热器检修 …………… 139
　　4.5.5　节温器检修 …………… 141
4.6　汽油供给系统检修 …………… 141
　　4.6.1　汽油泵检修 …………… 142
　　4.6.2　汽油蒸发排放控制系统
　　　　　检修 ………………………… 146
4.7　柴油供给系统检修 …………… 147
　　4.7.1　输油泵检修 …………… 147
　　4.7.2　喷油泵检修 …………… 148
　　4.7.3　调速器检修 …………… 150
　　4.7.4　喷油器检修 …………… 151
　　4.7.5　喷油泵装配 …………… 151
　　4.7.6　柴油机燃料系统的
　　　　　维护 ………………………… 152
4.8　发动机常见故障诊断 ………… 154

　　4.8.1　曲柄连杆机构常见故障
　　　　　诊断 ………………………… 154
　　4.8.2　配气机构常见故障诊断与
　　　　　排除 ………………………… 157
　　4.8.3　润滑系统常见故障诊断与
　　　　　排除 ………………………… 158
　　4.8.4　冷却系统常见故障诊断与
　　　　　排除 ………………………… 160
　　4.8.5　汽油发动机燃油供给系统
　　　　　常见故障诊断 …………… 163
　　4.8.6　柴油机燃油供给系统常见
　　　　　故障诊断与排除 ………… 164
　习题 ………………………………… 171

参考文献 ………………………………… 172

第 1 章 汽车机械系统维修基础

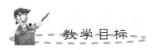
教学目标

熟悉汽车维修的主要内容,了解汽车维修的基本方法,了解汽车维修作业的组织方式与注意事项,熟悉汽车维修技术档案管理的主要内容,掌握汽车维修常用量具的使用方法,掌握汽车维修常用工具与设备的使用方法。

教学要点

知识要点	能力要求	相关知识
汽车维修基本概念	熟悉汽车维修的主要内容,了解汽车维修的基本方法,了解汽车维修作业的组织方式与注意事项	汽车维修的主要内容与基本方法,汽车维修作业的组织方式及注意事项
汽车维修技术档案管理	熟悉汽车维修技术档案管理的主要内容	汽车维修技术档案管理
汽车维修常用量具	掌握汽车维修常用量具的名称、功能与使用方法	塞尺、游标卡尺、螺旋测微器、百分表、量缸表、气缸压力表、燃油压力表、真空压力表、轮胎气压表
汽车维修常用工具与设备	掌握汽车维修常用工具与设备的名称、功能及使用方法	扳手、活塞环拆装钳、气门拆装架、滑脂枪、千斤顶、汽车举升机、轮胎拆装机、轻便吊车

1.1 汽车维修基础知识

汽车维修是汽车维护、检测与修理的泛称,其内在目的是维持和恢复汽车的外观、性能及功能。当前汽车已成为各种新技术、新工艺、新材料的集合体,汽车维修的技术要求、技术手段及技术装备都正在不断发展变化,汽车维修人员必须不断提高自身的专业基础和专业技能,才能胜任汽车维修的工作。

1.1.1 汽车维修主要内容与方法

1. 汽车维修主要内容

1) 汽车检测

汽车检测是指为确定汽车技术状况或工作能力所做的各项检查。汽车检测是从汽车维修衍生出来的,伴随着汽车维修技术的发展而发展的。早期的汽车检测主要依靠维修人员的经验和技能去感知汽车的技术状况。现在随着机电测控技术的进步,特别是计算机技术的进步,汽车检测技术也飞速发展。目前人们能依靠各种先进的仪器设备对汽车进行定量或定性检测,检测过程不需要拆卸解体,且安全、迅速,检测结果更为可靠。

当前,汽车检测可分为安全环保检测和综合性能检测两大类。安全环保检测是指对汽车安全运行和环境保护方面所进行的检测,其目的是建立汽车安全和公害监控体系,确保车辆具有符合要求的外观容貌和良好的安全性能,限制汽车的环境污染程度,使其在安全、高效和低污染工况下运行。综合性能检测是指对汽车实行定期和不定期综合性能方面的检测。目的是在汽车不解体情况下,对运行车辆确定其工作能力和技术状况,查明故障或隐患部位及原因,对维修车辆实行质量监督,建立质量监控体系,确保车辆具有良好的安全性、可靠性、动力性、经济性、排气净化性和噪声污染性,以创造更大的经济效益和社会效益。

2) 汽车故障诊断

汽车故障诊断是指参考相关技术标准,使用专用工具、仪器、设备和软件,对汽车故障进行检测、分析、判断,从而查明故障原因并确认故障部位的操作过程。

汽车故障的诊断方法基本上是人工经验诊断法和仪器设备诊断法。人工经验诊断法依靠维修人员的经验和技能,通过"望(眼看)"(例如,通过观察汽车外观或车辆行驶状态判断故障)、"闻(耳听)"(例如,通过发动机等运转发声判断故障)、"问(询问)"(例如,通过询问驾车人员车辆使用情况或现象判断故障)、"切(手摸)"(例如,通过手摸感受温度、振动、压力等现象判断故障)等方式去诊断汽车故障的原因与部位。

随着汽车技术的发展,特别是电子技术、计算机技术在汽车上的应用,汽车故障诊断正从传统的眼观、耳听、鼻闻、手摸、隔离、试探和比较等经验诊断方式,向以数字化、集成化和智能化的诊断设备为辅助手段,以信息技术为依托的系统完整的现代汽车故障诊断技术体系发展。

3) 汽车维护

汽车维护是指为了维持汽车使用性能而对汽车进行的养护作业，汽车维护的主要工作内容有清洁、检查、补给、润滑、紧固和调整等。根据汽车不同使用期内的特点，汽车维护一般分为磨合期维护、常规维护和季节性维护。

磨合期维护是指新车或是修复汽车在磨合期内进行的维护，其作业内容以检查、紧固和润滑等工作为主。

常规维护一般分为日常维护、一级维护和二级维护三个等级。日常维护是指由驾驶员每日出车前、行车中和收车后负责执行的车辆维护作业，其作业中心内容包括清洁、补给和安全视检。一级维护是由维修企业负责执行的车辆维护作业，其作业中心内容除日常维护作业外，以清洁、润滑、紧固为主，并检查有关制动、操作等安全部件。二级维护也是指由维修企业负责执行的车辆维护作业，其作业内容除一级维护作业外，以检查和调整万向节、转向摇臂、制动蹄片、悬架等经过一定时间的使用容易磨损或变形的安全部件为主，并拆检轮胎，进行轮胎换位，二级维护必须按期进行，执行间隔里程一般以生产厂家规定为准。

季节性维护是指为了预防汽车季节性常见故障的发生，保证车辆在特殊使用条件下正常运行所必须进行的保养作业。车辆季节性保养分为冬季保养和夏季保养，其作业形式是对车辆有关部位进行必要的检查与调整作业，可以结合车辆常规保养同时进行。

4) 汽车修理

汽车修理是指恢复已损坏车辆形态、性能及功能的过程及技术性行为。其目的是恢复原来车辆、总成、零部件的使用价值和技术状况。其原则是"视情修理"。"视情修理"是建立在车辆检测诊断基础之上的，根据不同的技术检测结果，制定不同的作业范围和深度，这样可以防止拖延修理造成车况恶化，又可防止提前修理造成的浪费。

汽车修理根据修理深度不同，可以分为整车大修、总成大修、车辆小修和零件修理四种。就修理内容而言，其工艺则主要包括外部清洗，总成及零件拆卸，零件清洗、检验、修复或更换、装配、调试与试验等步骤。

2. 汽车维修基本方法

1) 就车修理

就车修理是指汽车在修理过程中，零件及总成不互换，除更换报废零件外，原车零件和总成在修理后仍装回原车。由于零件、总成在修理过程中所需时间不同，修理装配的连续性经常受到影响，因此整车的修竣周期比较长。

2) 换件修理

换件修理是指汽车在修理过程中，通过更换总成来实现原车的性能及其功能。与就车修理相比，换件修理所需时间较短，但由于更换总成时，总成内的一些完好零件也被更换，会形成一定的浪费。但随着维修工时的价格不断高涨，以及维修停车时间成本的增高，越来越多的汽车维修企业倾向于换件修理。

1.1.2 汽车维修制度

1. 汽车维修组织方式

汽车维修作业的组织方式，一般分为定位作业方式和流水作业方式。

定位作业方式是在整个维修作业过程中，汽车停在一个工作地点上不动，作业人员按照综合作业或专业分工不同组织形式,围绕汽车交叉进行其分工范围内的作业项目。定位作业方式便于组织生产,适用于车型复杂、规模大小不同或是场地比较紧张的汽车维修单位。

流水作业方式是将汽车的主要保养项目按照作业性质或作业部位划分,设置若干个专业工段,每个工段都配备必要的机具设备和担任该项作业的人员,并按作业顺序排列为流水作业线,汽车间歇地按一定顺序通过整个作业线后,即可依次有节奏地完成各项保养作业。流水作业方式工作效率高,质量有保证,但要求车型单一,每日进行保养车数较多,并需要有较完善的机械设备。因此,适用于车型单一,规模较大的保养单位。

2. 安全注意事项

为保证汽车维修作业的正常进行,保障员工人身安全及身体健康,汽车维修作业时需特别注意安全。其主要内容有:

(1) 全体人员必须按规定参加安全生产教育,严格遵守各工种安全操作规程和机具操作规程,任何人不得违反。

(2) 工作时不得在工场打闹、追逐、大声喧哗,作业中必须按规定穿着劳动保护用品,不得穿拖鞋上班。

(3) 加强对易燃易爆物品的管理,不得随意乱放。加强对废旧蓄电池、废油、废液的管理,应防止其泄漏,更不得随意倾倒。

(4) 在作业车间、材料间等处所应配备充足的灭火器材,并加强维护,使之保持良好技术状态,所有员工都会正确使用灭火器材。

(5) 严格管理各类工作电源及其各类用电设施,防止发生漏电事故。

(6) 移动厂区车辆需有专人负责,厂内汽车行驶车速需严格控制,不得在厂区内试车。

(7) 作业结束后,及时清除场地油污杂物,并将设备机具整齐安放在指定位置,以保持施工场地整齐清洁。

(8) 定期进行安全生产检查。

1.1.3 汽车维修技术档案管理

汽车维修技术档案是汽车维修企业的重要文献资料,对企业的生产经营活动具有重要影响。企业应根据自身实际情况,设置与企业生产经营活动和技术研究活动相适应的汽车维修技术档案管理机构(如技术档案室),配备专职或兼职人员做好汽车维修技术档案的征集、保管和使用工作,发挥汽车维修技术档案应有的作用。

汽车维修技术档案管理的工作内容主要有:

(1) 收集。对于汽车维修企业而言,汽车维修技术档案收集主要是按照汽车维修企业的有关规定和要求来收集有关项目的原始记录、数据、照片、技术文件、反馈报告、结果报告及其电子文档等,并且对资料的来源进行记录。

(2) 整理。将收集到的资料按一定顺序(如时间顺序、型号顺序)整理好,在整理过程中要注意对数据、图表进行核实、核算。

(3) 分类。将收集的归档材料进行分类,分类方法通常有:①按项目分,把同一性质技术档案集中在一起;②按型号分,把同一型号的汽车及其零部件的技术档案集中在一起；③按专业分，把同一专业性质的技术档案集中在一起。

（4）保管。做好档案文件资料保管工作，注意防潮、防虫、防火、防盗，保证文件资料不受损失，电子文档要及时做好备份。

（5）保存。确定文档的保存时间和保密等级。保存时间通常有短期、长期和永久三种。若文档超过保存期，可按照规定处理过期无用文档。

（6）统计。统计汽车维修技术档案的现状、分类情况、鉴定情况和利用情况。

（7）服务。编好汽车维修技术档案的总目录、分类卡片目录、专题目录等，简化借阅手续，方便使用部门和使用者查询和借阅。

此外，为了维护汽车维修技术档案的完整有效性，并提高汽车维修技术档案工作的可持续性，需要对汽车维修技术档案的使用建立有效的制度，其主要内容如下：

（1）在企业内部，企业技术负责人和总工程师借阅汽车维修技术档案必须执行登记签收制度；企业一般维修人员与工人借阅汽车维修技术档案应写调卷单，并经过一定的批准手续方可借出。

（2）汽车维修技术档案原则上不外借。特殊情况下，也可以由企业领导批准后在指定场所阅览。

（3）归还汽车维修技术档案时，必须详细检查、清点，并在借阅登记本上注销。

（4）汽车维修技术档案借阅者对所借的档案必须妥善保管，不得任意转借、抄录、复印，不准遗失和拆散案卷。

（5）违反汽车维修技术档案管理规定的行为必须受到相应的惩罚和处理，以便严肃落实档案管理的各项规定。

（6）汽车维修技术档案有严格的保密级限制，对一些机密的技术情报实行特殊管理，建立完备的管理责任制度，严防失窃、被盗。

1.2 汽车维修常用量具

1. 塞尺

1) 用途与特点

塞尺又称厚薄规(图1.1)，是由多片不同厚度的标准钢片所组成的测量工具，钢片上标有厚度值，主要用于测量两个接合面之间的间隙值。使用时，可以用一片进行测量，也可以由多片组合在一起进行测量。

2) 使用方法

（1）用干净布将塞尺擦拭干净，不能在塞尺片沾有油污的情况下进行测量，以免直接影响测量结果的准确性。

（2）将塞尺片插入被测间隙中，来回拉动塞尺片，感到稍有阻力时，表明该间隙接近塞尺片上所标出的数值。如果拉动时阻力过大或过小，则该间隙值小于或大于塞尺片上所标出的数值。

3) 使用注意事项

（1）测量过程中不允许剧烈弯折塞尺片，或用过大的力将塞尺片插入检测间隙中，否则会损坏塞尺片。

（2）测量后，应将塞尺片擦拭干净，并涂上一薄层机油或工业凡士林，然后将塞尺片收回夹框内，以防锈蚀、弯曲或变形。

2. 游标卡尺

在汽车维修中，游标卡尺是不可缺少的测量工具。目前游标卡尺主要可以分成三大类：普通游标卡尺、指针式游标卡尺和数显游标卡尺，如图1.2所示。

1) 用途与构造

以普通游标卡尺为例，游标卡尺主要由可移动的游标和尺身两部分组成，如图1.3所示。从背面看，游标是一个独立的整体，游标与尺身之间有一弹簧片，利用弹簧片的弹力使游标与尺身靠紧。游标上部有一紧固螺钉，可以将游标固定在尺身上的任意位置。尺身和游标上都有量爪，利用内测量爪可以测量槽的宽度和管的内径，利用外测量爪可以测量零件的厚度和轴类零件的直径。此外，游标上还有深度尺，深度尺可以测量孔和槽的深度。

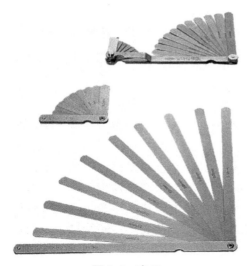

图1.1 塞尺

(a) 普通游标卡尺

(b) 指针式游标卡尺

(c) 数显游标卡尺

图1.2 游标卡尺

2) 游标卡尺原理与读数方法

以准确度为0.1mm的游标卡尺为例，尺身的最小刻度是1mm，游标上有10个小的等分刻度，它们的总长等于9mm。所以当左右测量爪贴合在一起时，游标的零刻线与尺身上主尺的零刻线重合，游标的第10条刻度线与主尺的9mm的刻度线重合外，其余8条刻度线都不重合。

在游标卡尺长时间使用之，游标卡尺外测量爪的贴合面磨损，游标卡尺会产生零误差。零误差会影响游标卡尺的读数。

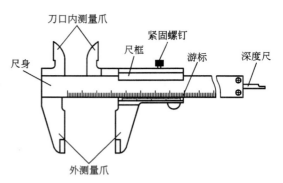

图1.3 游标卡尺

读数时，首先以游标零刻度线为基准在尺身上读取主尺上的读数，即以mm为单位的整数部分；然后看游标上第几条刻度线与尺身的刻度线对齐，如第4条刻度线与尺身刻度线对齐，则小数部分即为0.4mm（若没有正好对齐的线，则取最接近对齐的线进行读数）。如果游标卡尺有零误差，则需要用上述结果加上零误差，读数结果为

$$L = 整数部分 + 小数部分 + 零误差$$

判断游标上哪条刻度线与尺身刻度线对准,可用下述方法:选定相邻的三条线,如左侧的线在尺身对应线之左,右侧的线在尺身对应线之右,中间那条线便可以认为是对准了,如图1.4所示。若需测量几次取平均值,不需每次都考虑零误差,只要在最后的结果上加上零误差即可。

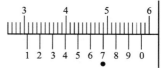

图1.4 游标卡尺读数

3. 螺旋测微器

1) 用途与构造

螺旋测微器又称千分尺,测量长度可准确到0.01mm。螺旋测微器的构造如图1.5所示。

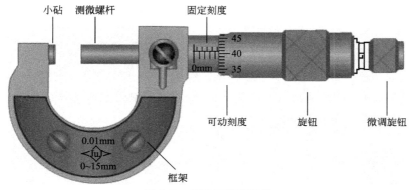

图1.5 螺旋测微器结构

2) 原理与使用

螺旋测微器是依据螺旋放大的原理制成的,即螺杆在螺母中旋转一周,螺杆便沿着旋转轴线方向前进或后退一个螺距的距离。因此,沿轴线方向移动微小距离,就能用圆周上的读数表示出来。螺旋测微器精密螺纹的螺距为0.5mm,可动刻度有50个等分刻度,可动刻度旋转一周,测微螺杆可前进或后退0.5mm,因此可动刻度每旋转一个小刻度格,相当于测微螺杆前进或后退0.5mm的1/50,即0.01mm。所以,可动刻度上每一小刻度格表示0.01mm,即螺旋测微器可准确到0.01mm。由于读数时还能再估读一位,可以读到毫米的千分位,故又名千分尺。

测量时,当小砧和测微螺杆贴合时,可动刻度的零点应与固定刻度的零点重合,旋出测微螺杆,并使小砧和测微螺杆的测量面接触待测长度的两端,测微螺杆向左移动的距离就是所测的长度。此距离的整毫米数由固定刻度上读出,小数部分则由可动刻度读出。

3) 使用注意事项

(1) 测量时,在测微螺杆快靠近被测物体时应停止使用旋钮,而改用微调旋钮,避免产生过大的压力,既可使测量结果精确,又能保护螺旋测微器。

(2) 在读数时,要注意固定刻度尺上表示半毫米的刻度线是否已经露出。

(3) 读数时,千分位应有一位估读数字,即使固定刻度的零点正好与可动刻度的某一刻度线对齐,千分位上也应读取为"0"。

(4) 当小砧和测微螺杆并拢时,可动刻度的零点与固定刻度的零点不相重合,将出现零误差，应加以修正，即在最后测长度的读数上加上零误差的数值。

4) 螺旋测微器的读数方法

读数时，先以可动刻度筒的端面为准线，读出固定刻度上的数值（以 0.5mm 为单位）；再以固定刻度上的水平横线作为读数准线，读出可动刻度上的数值，读数时应估读到最小刻度的 1/10，即 0.001mm。如图 1.6 所示，固定刻度数值是 8，可动刻度上的数值在 38 和 39 之间，取值 0.38，估算千分位上的数值为 0.004，最终的读数应该为 8.384mm。如图 1.7 所示，固定刻度数值是 7.5，可动刻度上的读数为 0.42，千分位上估算的数值为 0.003，最后的读数为 7.923mm。

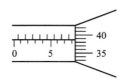
图 1.6 读数为 8.384mm

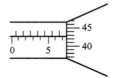
图 1.7 读数为 7.923mm

有的螺旋测微器可动刻度分为 100 等份，螺距为 1mm，其固定刻度上不需要半毫米刻度，可动刻度的每一等份仍表示 0.01mm。有的螺旋测微器，可动刻度为 50 等份，而固定刻度上无半毫米刻度，只能估计。

4. 百分表

1) 结构与用途

百分表是一种比较性测量仪器，主要用于测量工件的尺寸误差和形位误差及配合间隙等，测量精度为 0.01mm。其外形结构如图 1.8 所示。

2) 读数方法

百分表的表盘刻度一般为 100 格，当量头每移动 0.01mm 时，长指针就偏转 1 小格；当长指针旋转 1 圈时，短指针则偏转 1 小格（表示 1mm）。指针的偏转量即为被测零件（工件）的实际偏差或间隙值。

3) 使用方法

（1）将百分表固定在表架（支架）上，以测杆端量头抵住被测工件表面，并使量头产生一定的位移（即指针存在一个预偏转值）；然后旋转刻度盘，使长指针对准零刻度或者某一整数刻度。

（2）移动被测工件或百分表支架座，观察百分表表盘上指针的偏转量，该偏转量即为被测物体的偏转尺寸或间隙值。

图 1.8 百分表

4) 使用注意事项

（1）测杆轴线应与被测工件表面垂直，否则会影响测量精度。

（2）使用完百分表后需用干净软布将其表面擦拭干净，并在金属表面涂抹一薄层工业凡士林，然后水平放入盒内，严禁重压。

5. 量缸表

1) 结构与用途

量缸表由百分表、表杆、表杆座、活动测杆(量头)、支撑架和一套长短不一接杆等连接装置组成,如图 1.9 所示。它也是一种比较性测量仪表,测量精度为 0.01mm。在汽车修理中,量缸表主要用于测量汽车发动机气缸的圆度、圆柱度及其磨损量。

2) 测量方法

(1) 安装、调整量缸表。按被测气缸的标准尺寸,选择合适的接杆和活动测杆,调整接杆长度,使之与被测气缸(或者其他孔)的尺寸相适应,即使其测量范围能包含该气缸的最大和最小磨损缸径,拧紧固定螺母。

(2) 校正百分表,用游标卡尺或者其他测量工具将测杆校准到被测气缸的标准尺寸,并使伸缩杆有 2mm 左右的压缩行程。调整百分表刻度盘,使指针对正零位。

(3) 将校对后的量缸表活动测杆平行于曲轴轴线和垂直于曲轴轴线两个方向,沿气缸轴线上、中、下取三个位置,测六个数值。上面一个位置一般定在活塞上止点,位于第一道活塞环对应气缸壁处,约距气缸上端 15mm。下面一个位置一般取在气缸套下

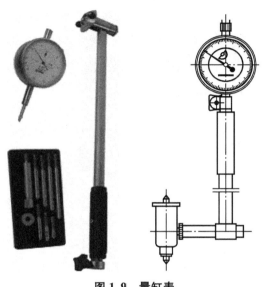

图 1.9　量缸表

端以上 10mm 左右处,该部位磨损最少。各个测量位置百分表的读数,即为该位置气缸实际直径与标准值的偏差。

(4) 测量时,量缸表的活动测杆必须和气缸轴线保持垂直,这样才能测量准确。当前后摆动量缸表表针指示到最小数字时,即表示活动测杆已垂直于气缸轴线。

3) 使用注意事项

(1) 百分表刻度盘和测量者应相对,但与接杆的位置错开180°,便于测量者看读数。

(2) 百分表的预压量理论上规定在 1~2mm,即将百分表装入表杆座孔时,表盘上小指针的转动量。转动量小于 0.5mm 时,造成测量行程不够,甚至指针有时会没有反应。反之,表盘内部的弹簧拉伸变形太大,容易使弹簧的弹力减弱,造成量缸表的恢复零位作用变差或丧失。因此,使用量缸表时,要注意测量部位磨损不均匀的情况。在磨损不均匀程度大且磨损量大的部位测量,应使百分表的预压量大些;反之,百分表的预压量应小些。实际使用中,百分表的预压量常取 0.5~1mm。

(3) 选取合适接杆。接杆旋入表杆座座孔的深度不能太浅,不能用增加或减少接杆旋入长度的方法,来达到能够测量孔径的目的。这样做会影响接杆在螺纹座孔中的稳定性,造成测量失准,但可根据孔的磨损量大小适当调整接杆旋入座孔的深度,即同一尺寸磨损量大的孔,接杆旋入深度稍浅些,反之接杆旋入深度稍深些。

(4) 使用中必须保持量缸表百分表的刻度盘不转动,且小心轻放。量缸表不要测量太毛糙或有沟痕的内孔,因为在测量这样的孔时,表针抖动,使测量的数值不准。百分表的

内部齿轮传动是靠表杆中的金属推杆来驱动的,表杆受热后推杆变长,使长指针原对零位置发生改变,影响测量精度。因此,百分表应避免测量温度较高的内孔。同时,在操作量缸表时,手应把握在表杆的绝热套处,以免影响测量精度。

(5)使用完量缸表后,应将其各部分擦拭干净,整齐放入包装盒中,妥善保管。

6. 气缸压力表

1)结构与用途

气缸压力表的结构如图1.10所示,主要由压力表和连接附件组成,它是专门用于检查气缸内气体压缩压力大小的仪器。

2)使用方法

(1)起动发动机并运转到正常工作温度,熄火并等发动机停止运转后,卸下全部火花塞。

(2)使节气门全开,将压力表的连接头压紧在火花塞孔上。

(3)运转起动机使发动机转动,此时仪表上的指针会逐渐上升,到某一数值即会停止,此时的指示值就是气缸的压缩压力。

图1.10 气缸压力表

(4)按一下表下的放气按钮,使指针归零。

(5)按以上步骤,重复测量2~3次,取平均值,以提高测量精度。

若测定值小于规定值,而进气系统正常,则说明气缸与活塞、缸盖存在泄漏,可能原因为气缸、活塞、气门、活塞环出现磨损、烧蚀等不良情况。若测定值大于规定值,而进排气系统正常,则可能原因为燃烧室严重积炭。

7. 燃油压力表

1)用途与结构

燃油压力表主要由油压表和连接附件组成,如图1.11所示,主要用于检测燃油系统的压力。

2)使用方法

将燃油压力表用三通接头接在燃油压力调节器和喷油嘴之间的管路上进行测量。根据测出的燃油压力值可以判断电动汽油泵、油压调节器等燃油系统元器件的工作情况。

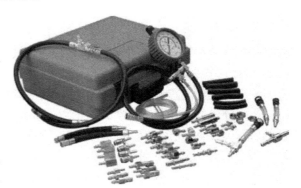

图1.11 燃油压力表

8. 真空压力表

1)用途

在汽车维修中,真空压力表主要用于测量发动机运转时进气歧管中的真空度。根据真空压力表指针的摆动状态可以判断发动机的运转状况是否正常。真空压力表外形如图1.12所示。

2) 使用方法

(1) 起动发动机并运转到正常工作温度，使发动机保持稳定运转。

(2) 使用合适的接头将真空压力表接装在发动机进气歧管指定的位置上即可进行测量。

急速时，表针应稳定在 64~71kPa；迅速开闭节气门，表针应在 6.7~84.6kPa 之间灵敏摆动。否则，发动机密封性能，发动机点火正时、配气正时、火花塞点火情况或发动机排气系统可能存在异常情况。

图 1.12　真空压力表

3) 注意事项

(1) 使用时，要规范操作，防止仪表掉落在地。

(2) 橡胶接头要连接牢固，以免漏气。

(3) 使用真空压力表进行测量时，为了避免指针急速承受压力而影响测量精度，应先系紧连接橡胶导管，装上真空压力表后，再缓慢放松橡胶导管，使指针平稳摆动。

9. 轮胎气压表

1) 用途与种类

轮胎气压表是专门用于测定轮胎气压的量具，常用类型有指针式(图 1.13)和数显式(图 1.14)两种。

图 1.13　指针式轮胎气压表

图 1.14　数显式轮胎气压表

2) 使用方法

(1) 将轮胎气压表测量端槽口与轮胎气门嘴对准压紧。压紧后必须确保轮胎不漏气。

(2) 轮胎气压表指针发生偏转，其指示数值即为该轮胎的充气气压。如果是数显式轮胎气压表，则可以通过显示器直接读出轮胎气压。

(3) 测量完毕，应仔细检查轮胎气门芯处是否漏气。若有漏气，应予以排除。

1.3　汽车维修常用工具与维修设备

1. 扳手

扳手是汽车检修作业中最常用的工具之一。在汽车检修作业中用到的扳手种类很多，主要有呆扳手、梅花扳手、套筒扳手、两用扳手、扭力扳手、内六角扳手和其他各种专用扳手等。

1) 扭力扳手

(1) 用途:扭力扳手用于装配对拧紧力矩有严格要求的螺纹件,通常需要与套筒扳手中的套筒相配合使用,可直接通过刻度盘显示力矩大小 [图 1.15(a)],也可以设定最大力矩 [图 1.15(b)]。汽车维修中常用扭力扳手的扭力范围一般为 0~300N·m。

(a) 指针式扭力扳手　　　　　　　　　(b) 棘轮式扭力扳手

图 1.15　扭力扳手

(2) 使用方法:①使用前,选择合适尺寸的套筒并把套筒扣到扭力扳手上,使用时一手按住套筒一端,另一手平稳地拉动扭力扳手的手柄,并观察扭力扳手指针指示的力矩数值,到达设定力矩后,即可停止作业。(如果使用的是棘轮式扭力扳手,设定了最大旋紧力矩,则当力矩达到该值时,扭力扳手会自动打滑,并发出"哒哒哒"的齿轮打滑声音。)②切忌在过载的情况下使用扭力扳手,以免造成读数失准或者扳手损坏,用后应将扭力扳手平稳放置,避免重物撞压,以免造成扳杆或扳手指针变形而影响其测量精度,甚至损坏扳手。

2) 专用扳手

专用扳手是用途较为单一的特殊扳手的通称,通常以其用途或结构特点来命名,如滤清器拆装专用扳手(图 1.16)、轮胎拆装专用扳手(图 1.17)等。每一种专用扳手,又可以按照不同规格和尺寸进行分类。在使用专用扳手时,必须选用与零件尺寸相适应的扳手,以免扳手滑脱伤手或损坏零件。

图 1.16　滤清器拆装专用扳手　　　　图 1.17　轮胎拆装专用扳手

2. 活塞环拆装钳

1) 用途

活塞环拆装钳是一种专门用于拆装发动机活塞环的工具。维修发动机时,使用活塞环拆装钳拆装发动机活塞环,具有安全、高效的特点,其形状如图 1.18 所示。

2）使用方法

使用活塞环拆装钳时，将拆装钳上的环卡卡住活塞环开口，握住手把稍稍均匀用力，使拆装钳手把慢慢收缩，环卡将活塞环徐徐张开，使活塞环能从活塞环槽中取出或装入。

使用活塞环拆装钳装活塞环时，用力必须均匀，避免用力过猛导致活塞环折断，同时也避免伤手事故。

3．气门拆装架

1）用途

气门拆装架是一种专门用于拆装气门和气门弹簧的工具。气门拆装架有多种形式，原理大致相同，在汽车修理中常用的一种气门拆装架如图 1.19 所示。

图 1.18　活塞环拆装钳

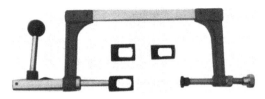
图 1.19　气门拆装架

2）使用方法

拆卸气门时，将拆装托架抵住气门，压环对气门弹簧座，然后压下手柄，使气门弹簧压缩，取下气门弹簧锁销或锁片，慢慢松抬手柄，即可取出气门弹簧座、气门弹簧和气门等。安装气门及其气门弹簧时，顺序相反。用气门拆装架压下气门弹簧，装上气门弹簧锁销或锁片，再慢慢松开气门弹簧即可。

4．滑脂枪

1）用途

滑脂枪又称黄油枪，是一种专门用来加注润滑脂的工具。在汽车修理中常用的滑脂枪可分为手动（图 1.20）和气动（图 1.21）两种。

图 1.20　手动滑脂枪

图 1.21　气动滑脂枪

2）手动滑脂枪使用方法

（1）填装黄油：①拉出拉杆使柱塞后移，拧下滑脂枪缸筒前端；②把干净黄油分成团状，徐徐装入缸筒内，使黄油团之间尽量互相贴紧，便于缸筒内空气排出；③装回前端，推回拉杆，柱塞在弹簧作用下前移，使黄油处于压缩状态。

（2）注油方法：①把滑脂枪枪头对准被润滑的黄油嘴（滑脂嘴），直进直出，不能偏斜，以免影响黄油加注，减少润滑脂浪费；②注油时，如注入不进，应立即停止，并查明堵塞的原因，排除后再进行注油。

（3）加注润滑脂时不出油的主要原因：①滑脂枪缸筒内无黄油或压力缸筒内的黄油间有空气；②滑脂枪压油阀堵塞或注油接头堵塞；③滑脂枪弹簧疲劳过软而造成弹力不足或弹簧折断而失效；④柱塞磨损过甚而导致漏油；⑤滑脂嘴被泥污堵塞而不能注入黄油。

5. 千斤顶

1) 用途与种类

千斤顶是一种最常用、最简单的起重工具，按照其工作原理可以分为机械丝杆式和液压式；按照所能起顶质量可以分为 1000kg、1500kg、3000kg 等多种不同规格。目前广泛使用的是液压式千斤顶，如图 1.22 所示。

2) 使用方法

以液压式千斤顶为例介绍其使用方法。

（1）顶起汽车前，应把千斤顶顶面擦拭干净，拧紧卸压开关，把千斤顶放置在被顶部位的下面，并使千斤顶与被顶部位间柜互垂直，以防止千斤顶滑出而造成事故。

（2）旋转顶面螺杆，改变千斤顶顶面与被顶部位的原始距离，使顶起高度符合汽车需要的顶置高度。

图 1.22 千斤顶

（3）用三角形垫木将汽车着地车轮前后塞住，防止汽车在顶起过程中发生滑溜事故。

（4）用手上、下压动千斤顶手柄，在被顶汽车逐渐升到一定高度后，在车架下放入搁车凳，禁止用砖头等易碎物支垫汽车。落车时，应先检查车下是否有障碍物，并确保操作人员的安全。

（5）缓慢拧松卸压开关，使汽车缓慢下降，架稳在搁车凳上。

3) 使用注意事项

（1）汽车在顶起或下降过程中，禁止在汽车下面进行作业。

（2）拧松卸压开关时，速度要慢，被顶物下降速度不能过快，以免发生事故。

（3）在松软路面上使用千斤顶顶汽车时，应在千斤顶底座下加垫一块有较大面积且能承受压力的材料（如木板等），防止千斤顶由于汽车重压而下沉。

（4）千斤顶把汽车顶起后，当卸压开关处于拧紧状态时，发生自动下降故障，则应立即查找原因，及时排除故障后才可继续使用。

（5）如发生千斤顶缺油，应及时补充规定油液，不能用其他油液或水代替。

（6）千斤顶不能用火烘热，以防密封圈、皮圈损坏。

（7）千斤顶必须垂直放置，防止千斤顶因油液渗漏而失效。

6. 汽车举升机

1) 用途与种类

汽车维修中，汽车举升机的主要作用是举升汽车，方便汽车维修人员对底盘部件进行作业操作。当前,汽车举升机的种类较多,其中常见的有双柱式液压举升机[图1.23(a)]、剪式举升机[图1.23(b)]、四柱式液压举升机[图1.23(c)]和地下油缸式举升机[图1.23(d)]。

(a) 双柱式液压举升机

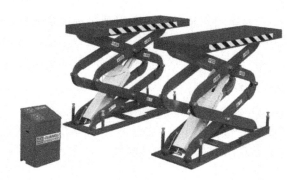
(b) 剪式举升机

(c) 四柱式液压举升机

(d) 地下油缸式举升机

图1.23 汽车举升机

2) 使用方法

汽车举升机的使用方法基本一样,其主要步骤如下:

(1) 使用前,把举升机支撑臂(支撑平台)下降至最低位置。若是双柱式液压举升机,则还需要把支撑臂张开至最大角度,方便车辆进入举升工位。

(2) 维修车辆进入举升工位。若是双柱式液压举升机,则调节支撑臂的角度和长度,使得支撑点位于车辆底盘的正确位置上。若是剪式举升机或是地下油缸式举升机,则在支撑平台上垫加支撑泡沫块,支撑泡沫块的位置需与车辆底盘的有效支撑位置相对应。若是四柱式液压举升机,则需要拉起汽车手刹。

(3) 按汽车举升机举升按钮,直至维修车辆被举升至适当高度。

(4) 按汽车举升机锁定按钮,确保举升机被机械锁止。

(5) 维修作业结束后,按汽车举升机下降按钮,直至举升机构降落至最低的初始位置。对于有些汽车举升机,在下降之前,还需要解除举升机的机械锁止,否则汽车举升机无法下降。

(6)拿掉支撑泡沫块,维修车辆移出举升工位。若是双柱式液压举升机,则需要把支撑臂张开至最大角度,方便车辆退出举升工位。

3)使用注意事项

(1)升降前,必须排除周围的障碍;升降时,举升左右侧和上下不能站人,平台上也不能站人。

(2)被举升车辆的重量不得超过汽车举升机的举升能力范围。

(3)操作时需注意上升、下降是否同步,发现异常,及时停机,检查并排除故障。

(4)汽车举升机不工作时,应降至最低位,并切断工作电源。

7. 轮胎拆装机

1)用途与种类

轮胎拆装机俗称扒胎机,是一种实现将汽车轮胎从轮毂上拆下、安装和充气功能的设备。它主要用于汽车轮胎的修补、更换、安装等,是轮胎拆装的必备设备。采用轮胎拆装机拆装汽车轮胎,具有省时省力、不损伤胎口和轮辋的优点。

轮胎拆装机的种类比较多,按照拆装范围可分为小、中型轮胎拆装机和大型轮胎拆装机。一般来说,按轮辋直径划分,拆装范围在15(1in=2.54cm)以下的属于小型轮胎拆装机,15~24in的属于中型轮胎拆装机,大于24in的属于大型轮胎拆装机。按照轮胎拆装机设计样式不同可以分为立式轮胎拆装机(图1.24)和卧式轮胎拆装机(图1.25)。一般小、中型轮胎拆装机都采用立式轮胎拆装机,大型轮胎拆装机采用卧式轮胎拆装机。此外,按照使用的动力源不同,轮胎拆装机还可以分为气体传动轮胎拆装机和液压传动轮胎拆装机。

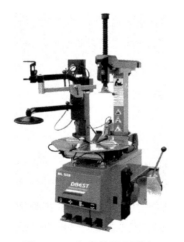

图1.24 立式轮胎拆装机　　　　图1.25 卧式轮胎拆装机

2)结构与使用方法

虽然不同轮胎拆装机的结构和形状各有差别,但由于其功能都是拆装轮胎,所以轮胎拆装机的操作方法基本相同。下面以小型立式轮胎拆装机(型号:元征TWC-502RMB)为例,说明轮胎拆装机的结构和使用方法。

元征TWC-502RMB型立式轮胎拆装机的结构如图1.26所示。其使用方法如下:

(1)检查轮胎拆装机上的控制脚踏是否正常。踏下转盘转向脚踏,转盘顺时针旋转;

上抬转盘转向脚踏，转盘逆时针旋转。踏下分离铲脚踏，分离铲动作；松开分离铲脚踏后回位。踏下夹紧气缸脚踏，转盘上的卡爪张开；当再踏一下时，卡爪又合上。踏下立柱摆动脚踏，立柱慢慢地后仰；当再踏一下时，立柱回位。上抬辅助臂控制杆，辅助臂上升；下压辅助臂控制杆，辅助臂下降。轻踩充气脚踏，气体从气压表所接气管中喷出；再踩到底，气体从四个卡爪后面（滑鼠尾部）迅速喷出。

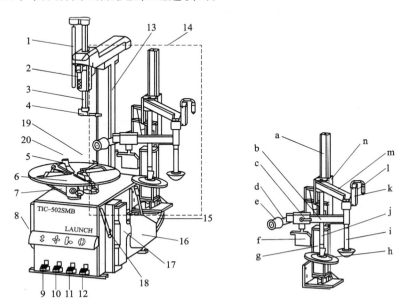

图 1.26　TWC-502RMB 型立式轮胎拆装机结构

1—六方杆气缸；2—锁紧手柄；3—六方杆；4—拆装头；5—卡爪；6—转盘；7—夹紧气缸；
8—充气脚踏；9—立柱摆动脚踏；10—夹紧气缸脚踏；11—分离铲脚踏；
12—转盘转向脚踏；13—立柱；14—辅助臂；15—分离铲臂；16—分离铲；
17—橡胶垫；18—撬杠；19—储气罐；20—气源三联件；
a—滑柱；b—直臂；c—可调位手柄；d—压胎横杆；e—压胎轮；f—玉块；g—升降气缸；
h—托胎盘；i—定位锥；j—托盘臂；k—控制盒；l—升降杆；m—弯臂；n—滑套

（2）拆卸轮胎。

① 拆胎前，先将轮胎内的空气全部放掉，清除车轮上的杂物和平衡块，以免发生不必要的损坏和危险。

② 使用毛刷蘸上润滑剂（一般可采用肥皂水）润滑胎缘，否则胎圈唇口会与分离铲产生过度磨损。

③ 将轮胎置于分离铲和橡胶垫之间，使分离铲边缘置于胎缘与轮辋之间，离轮辋边缘大约1cm处，然后脚踩分离铲脚踏，使胎缘与轮辋分离。

④ 在轮胎其他部分重复以上操作，使胎缘与轮辋彻底脱离。

⑤ 把胎缘与轮辋已分离的车轮放在转盘上，脚踩夹紧气缸脚踏到底，夹紧轮辋。

⑥ 拉回横摆臂，转动旋钮手柄，调整水平臂，按下垂直于转盘的六方杆让拆装头贴紧轮辋外缘，并顺时针转动锁紧手柄锁紧六方杆，使拆装头位置固定。要求拆装头内侧距离轮辋边缘 2～3mm，避免划伤轮辋。（拆装头角度在出厂时已按标准轮辋调校完毕，如

遇特大或特小轮辋时,请重新调整拆装头的角度,以免损伤轮胎。)

⑦ 用专用撬杠将胎缘撬在拆装头前端半球形凸起上。为了方便撬出,可将拆装头对面的胎缘用力下压,压到轮槽内,再使用专用撬杠将胎缘撬出,脚踩转盘转向脚踏,让转盘顺时针旋转,直到胎缘脱落为止。如果有内胎,为了避免损坏内胎,在进行这步操作时,建议将轮胎气门嘴置于拆装头前端10cm左右。若拆胎时转盘转动受阻,应立即停止运转,用脚面上抬转盘转向脚踏,让转盘逆时针转动,以免损坏轮胎。

⑧ 卸下上轮缘后,有内胎的,要先取出内胎。

⑨ 上抬轮胎,使下胎缘进入轮槽,再将下胎缘撬在拆装头前端半球形凸起上,然后踩下脚踏直至下轮缘脱离轮辋。踩下脚踏松开卡爪,取下轮辋,拆胎完成。

8. 轻便吊车

在汽车维修企业中,轻便吊车的作用主要为吊装及短区间移动汽车零部件总成。目前汽车拆解作业中常用的轻便吊车主要指小型悬臂吊车。小型悬臂吊车按照动力不同可以分为两大类:机械悬臂吊车和电动悬臂吊车。

机械悬臂吊车的结构如图1.27所示,一般由底座、悬架、吊钩和液压油缸组成。使用时,先用可靠绳索将被吊总成捆扎牢固,将吊车移到被吊总成的位置,通过液压油缸上的卸压螺钉,调整吊钩位置,将吊钩钩住绳索,慢慢地摇动液压油缸摇柄吊起被吊总成。如果需要,也可以推动吊车来移动被吊总成的位置。放下被吊总成时要慢慢旋松液压油缸上的卸压螺钉,此操作过程一定要慢,防止被吊总成下落速度太快,损坏被吊总成和地面。

电动悬臂吊车如图1.28所示,它采用电能来进行起重和移动作业。它在机械悬臂吊车的基础上增加了电动行走和电动起吊机构,降低了工人的工作强度,提高了作业效率。

图1.27 机械悬臂吊车

图1.28 电动悬臂吊车

1. 汽车维修的主要内容有哪些?
2. 在汽车维修过程中有哪些需要注意的安全事项?
3. 汽车维修技术档案管理的主要工作内容有哪些?
4. 简述游标卡尺的使用步骤与读数方法。

5. 简述螺旋测微器的使用步骤与读数方法。
6. 气缸压力表是如何使用的？
7. 量缸表主要有哪些部分组成？请说明量缸表的使用方法。
8. 分析说明立式轮胎拆装机的作业步骤与要领。

第 2 章
汽车发动机构造与工作原理

 教学目标

熟练掌握发动机的总体构造,熟练掌握四冲程汽油机和柴油机的工作原理,熟练掌握发动机各性能指标,了解发动机速度特性和负荷,了解内燃机产品名称和型号编制规定。

 教学要点

知识要点	能力要求	相关知识
发动机的总体构造	具备认识汽车发动机总体构造的能力,熟练掌握发动机基本术语和总体构造,熟悉发动机各个系统的组成部件	曲柄连杆机构、配气机构、供给系统、润滑系统、冷却系统、点火系统、起动系统等
四冲程发动机工作原理 发动机的示功图	熟练掌握四冲程汽油机和柴油机的工作原理,熟练掌握各行程的工作特点	进气行程、压缩行程、做功行程、排气行程等
动力性指标和经济性指标、速度特性和负荷特性、内燃机产品名称	熟练掌握发动机各性能指标,了解发动机速度特性和负荷,了解内燃机产品名称和型号编制规定	动力性指标、经济性指标、速度特性、发动机负荷等

2.1　发动机总体构造

发动机是一种由多个机构和系统组成的复杂机器。无论是汽油机，还是柴油机；无论是四行程发动机，还是二行程发动机；无论是单缸发动机，还是多缸发动机，要完成能量转换，实现工作循环，保证长时间连续正常工作，都必须具备以下一些机构和系统：汽油机包含两大机构和五大系统，即曲柄连杆机构、配气机构、燃料供给系统、润滑系统、冷却系统、点火系统和起动系统；柴油机包含两大机构和四大系统，即曲柄连杆机构、配气机构、燃料供给系统、润滑系统、冷却系统和起动系统。柴油机是压燃的，不需要点火系统。

2.1.1　曲柄连杆机构

曲柄连杆机构的功用是把燃气作用在活塞顶上的力转变为曲轴的转矩，从而向工作机械输出机械能。在做功行程将燃料燃烧产生的热能转变为活塞往复运动的机械能，再转变为曲轴的旋转运动而对外输出动力。在其他三个辅助行程中，将曲轴的旋转运动转变为活塞的往复运动，为做功行程做准备。

曲柄连杆机构主要由机体组、活塞连杆组、曲轴飞轮组三部分组成，如图2.1所示。

1. 机体组

现代汽车机体组主要由气缸体、气缸盖、气缸套、气缸垫、油底壳等零件组成。机体组是内燃机的骨架，除了作为气缸套以及曲柄连杆机构运动件的支撑外，还可安装气缸盖、配气机构和驱动机构的机件以及各辅助系统的一些附件，并以其支座安装在车辆上，同时机体内部还设有冷却液道和润滑油道。

1) 气缸体

气缸体提供构成活塞运动的空间气缸，以及为气缸进行冷却的空间（水套和散热片），曲轴箱提供连杆摆动和曲轴转动的空间，并为曲轴提供支撑。气缸体工作条件恶劣，因此其需要有足够的刚度，其热负荷高的部位要进行适当的冷却，与各运动部件构成摩擦副的部位要有很好的耐磨和减磨性能。

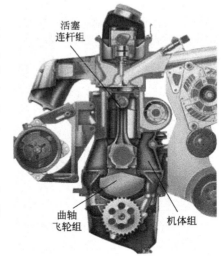

图2.1　曲柄连杆机构

为提高气缸体的强度和耐磨性，现代汽车发动机气缸体一般采用优质合金铸铁材料，铝合金因其质量轻、导热性好等优点，在气缸体上也得到广泛的应用。

气缸体的具体结构形式分为三种，如图2.2所示。

曲轴中心线和曲轴箱上下结合面一致称为一般式气缸体，其特点是便于机械加工但刚度较差，多应用于中小型发动机，如夏利、富康发动机、BJ492Q等。

上下曲轴箱结合面下沉到曲轴中心线下面称为龙门式气缸体，其特点是刚度强度较好

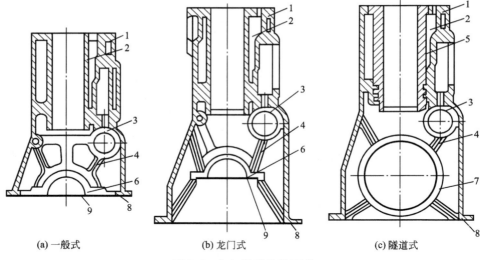

(a) 一般式　　(b) 龙门式　　(c) 隧道式

图 2.2　气缸体的结构形式

但工艺性较差，多应用于中型及重型车用发动机，如捷达/高尔夫发动机、CA6102 等。

主轴承座、盖为一体称为隧道式气缸体，其特点结构刚度大，但质量最重，多应用于机械负荷大的柴油机，如 6135Q 型发动机。

发动机气缸的排列方式基本有直列式、V 形式、对置式三种形式，如图 2.3 所示。其中直列式气缸结构简单，加工容易，长度较大，高度较大，一般多用于 6 缸以下发动机。V 形式气缸可以缩短长度，缩短高度，增加刚度，减轻重量，但是形状复杂、宽度加大，加工困难，一般多用于 8 缸以上发动机。对置式气缸高度较小、布置方便，对风冷发动机是有利的。

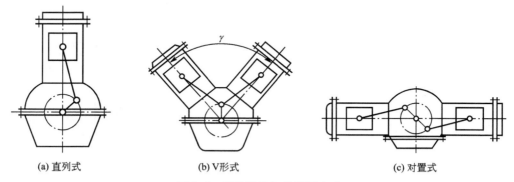

(a) 直列式　　(b) V 形式　　(c) 对置式

图 2.3　发动机气缸的排列方式

2) 气缸盖

气缸盖密封燃烧室，与其他各部分共同形成燃烧空间，其上安装配气机构的大部分零件和喷油器或火花塞，内设冷却水路和润滑油道，以及进、排气道。

气缸盖承受气体力和紧固气缸盖螺栓所造成的机械负荷，同时，由于与高温燃气接触还承受很高的热负荷。为保证良好密封，气缸盖既不能损坏，也不能变形。为此，气缸盖要有足够的强度和刚度。另外，为了使气缸盖温度分布均匀，气缸盖必须要有良好的冷却。

气缸盖一般采用铝合金、灰铸铁、合金铸铁等材质制成，要求具有导热性好、机械强度和热强度高、铸造性能好等优点。

3）气缸套

气缸套有湿式和干式两种。

湿式缸套和冷却水直接接触，冷却效果较好，刚度较差，易漏气和漏水。用合金铸铁制造的湿式缸套壁厚一般为5~9mm，利用缸套的上、下定位环实现其径向定位，轴向定位靠缸套上方凸缘与气缸体顶部的支撑面实现。

干式缸套不与冷却液接触，通常压入气缸套座孔内，与缸体紧配合，壁厚一般为1~3mm。干式缸套可分为普通干式缸套和可卸干式缸套。

在强化程度不高的车用汽油机中，也广泛采用气缸套与气缸体为一体的结构形式。

4）气缸垫

气缸衬垫是气缸盖底面与气缸体顶面之间的密封件，保证气缸密封不漏气，并确保机体流向气缸盖的冷却液和机油不泄漏。因此气缸衬垫要有足够的强度；要耐压、耐热、耐腐蚀；要有弹性，能补偿机体顶面和缸盖底面的粗糙度和不平度。

按所用材料不同，气缸衬垫可分为金属-石棉衬垫、金属-复合材料衬垫以及全金属衬垫。

金属-石棉衬垫：以石棉为基体，外包铜皮或钢皮，有的以钢丝或带孔钢板为骨架，外附石棉而成，气缸孔、油孔、水孔周围用金属包边。

金属-复合材料衬垫：钢板的两面黏附耐热、耐压和耐腐蚀的新型材料。

全金属衬垫：用优质的铝板或不锈钢叠片制成。

5）油底壳

油底壳用来封闭机体的下部和储存润滑油。一般用薄钢片冲压而成，或者用铝合金铸造而成。为了加强散热，通常铸有散热片，曲轴箱中部和后部通常做得深一些，内部有隔板，防止大量泡沫的产生，下部有放油螺塞。

2. 活塞连杆组

活塞连杆组包括活塞组和连杆组。

1）活塞组

活塞组主要包括活塞、活塞环、活塞销等零件。活塞的主要作用是承受燃气压力并将此压力传递给连杆、与气缸盖共同组成燃烧室。与活塞顶部相接触的燃气温度最高达2273~2773K，活塞顶部的最高温度可达473~673 K。活塞的强度和硬度由于温度升高而降低，温度不均匀也容易产生热应力或裂纹。做功行程中，柴油机的瞬时最高压力一般为6~9MPa，汽油机一般为3~5 MPa，燃气的冲击、高压的作用导致活塞侧压力增大，加速活塞表面磨损，引起活塞变形。在做往复运动时，活塞还承受本身所产生的往复惯性力。总之，受到上述周期性变化的燃气压力和惯性力的作用，活塞的各个部分产生了交变的拉伸、压缩和弯曲应力，使得活塞容易产生变形。

(1) 活塞。

活塞的质量要小，可以减小惯性力；热膨胀系数要小，减小受热时的变形；导热性能要好，防止活塞过热，发生损坏；耐磨性能要好，防止在往复运动中大量磨损。

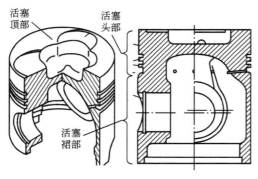

图 2.4 活塞的结构

活塞一般常用铝合金制造,质量小,导热性好,但是热膨胀系数大,高温下,强度和硬度下降很快。有的柴油机采用高级铸铁或耐热钢制造。

活塞根据所起作用的不同,可将活塞分为顶部、头部和裙部,如图 2.4 所示。

① 活塞顶部。活塞顶部指活塞的顶面,它承受气体压力,并组成燃烧室。图 2.5 所示为活塞顶部形状。汽油机活塞顶部多采用平顶,其优点是吸热面积小、制造工艺简单。有些采用凹顶,能改善混合气形成和燃烧、调节压缩比。二冲程汽油机多用凸顶。

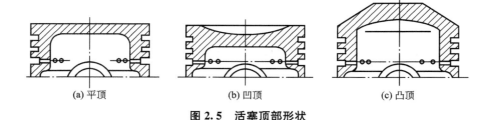

图 2.5 活塞顶部形状

② 活塞头部。活塞头部指活塞环槽以上部位,承受气体的压力,与活塞环一起实现气缸内气体的密封,将热量通过活塞环传给气缸壁,如图 2.6 所示。

活塞头部环槽用来安装气环和油环,一般气环槽有 2~3 个,油环槽为 1 个。

活塞顶面和燃气接触,使得活塞头部温度很高,容易导致气环损坏,造成漏气,因此有的发动机的活塞在第一道环的上方开一条隔热槽,改变热流方向,降低第一道环的温度。为了保护环槽,防止高温下的损坏,热负荷较高的发动机一般还采用护圈。护圈的材料一般为耐热、膨胀系数与铝合金接近的高锰奥氏体铸铁。

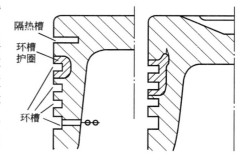

图 2.6 活塞头部结构

③ 活塞裙部。活塞裙部指活塞环槽以下部位,该部位在活塞运动时起导向作用,并承受侧压力。

活塞工作时,燃气使裙部弯曲变形,侧压力使销座轴线方向增大,使活塞工作时变成轴线沿活塞销轴线方向的椭圆形,热变形使销座轴线方向增大,如图 2.7 所示。冷态下一般把活塞加工成裙部断面为长轴垂直于活塞销方向的椭圆形。

(2)活塞环。

活塞环包括气环和油环两种。

气环的主要作用是封气与导热,即防止高温、高压的燃气窜入曲轴箱,污染机油,同时将活塞顶所吸收的大部分热量传给缸壁的作用。

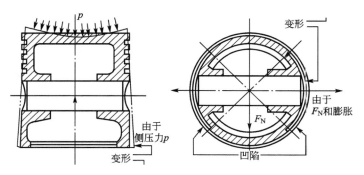

图 2.7　活塞裙部变形

油环的主要作用是刮除缸壁上多余的燃油，形成均匀的油膜，防止窜油，减小磨损。此外，起辅助封气作用。

活塞环受到高温，高压燃气作用，润滑条件极差，磨损严重，发动机零件中工作寿命较短。一般活塞环多用优质灰铸铁、球墨铸铁或合金铸铁制造，第一道活塞环甚至所有的环，其外表面进行多孔镀铬来减缓磨损，其他的环多采用镀锡、磷化或硫化处理来提高磨合性。

① 气环。气环自由状态非圆，随活塞装入气缸后，靠气弹力紧贴在气缸壁上，形成第一密封面。同时，气环在燃气作用下被压向环槽下端面，形成第二密封面。另外，绕到环背后的燃气使气环更贴紧缸壁，加强了第一密封面的密封效果。几道气环切口错开布置，这样形成迷宫式封气系统，这样，窜入曲轴箱内的燃气量已很少了，如图 2.8 所示。

气环断面形状有多种，如图 2.9 所示。矩形环的工艺性和导热效果较好，但产生泵油作用。扭曲环有正扭曲环和反扭曲环，反扭曲环扭曲成碟子形。正扭曲环包括内圆上边缘切槽及外圆下边缘切槽的气环。反扭曲环扭曲成盖子形，包括内圆下边缘切槽的气环。扭曲环能消除泵油现象，减轻磨损。锥面环是指环的外圆面为锥面，理论上为线接触，活塞下行时能刮油，活塞上行时锥面油楔作用浮起，减少磨损，不泵油。梯形环的断面为梯形，抗粘结性好，避免环被粘结而折断，侧向力换向活塞左右摆动时，梯形环的侧隙发生变化，将环槽中胶质挤出，做功行程中，燃气径向压力加强了环的密封，其缺点是上下面精磨工艺复杂。桶面环的外圆面为外凸圆弧形，桶面环上下运动时，均能形成楔形油膜，将环浮起，减轻环与气缸壁磨损，其密封性、磨合性、对气缸表面的适应性都比较好，其缺点凸圆弧表面加工困难。

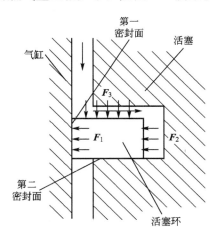

图 2.8　气环密封原理

② 油环分为普通油环和组合油环两种。

普通油环如图 2.10 所示。普通油环刮油靠油环自身弹力，外圆面加工环形集油槽，结构简单加工容易，成本低。

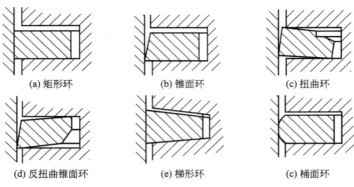

图 2.9 气环的断面形状

钢带组合油环如图 2.11 所示。钢带组合油环接触压力大，刮油能力强，能防机油上窜，上下刮片能单独动作，对气缸活塞形变的适应能力强，缺点是采用优质钢成本高。

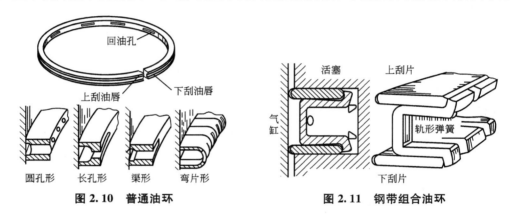

图 2.10 普通油环　　　　　图 2.11 钢带组合油环

油环径向方向开有贯穿的油孔或油槽，在活塞的油环槽内和环岸上开有许多排小孔和斜孔，当活塞下行时，刮下的油通过油环径向槽内的小孔或狭缝和环岸上的斜孔流入机体内，当活塞上行时，活塞环都贴在环槽下侧面，使气环与油环间的机油通过活塞环槽上的排油孔流入机体内。

（3）活塞销。

活塞销的作用是连接活塞和连杆，将活塞承受的力传给连杆。

活塞销承受冲击载荷，润滑条件差，所以刚度、强度要求较高，韧性好，耐磨；质量要小，销和销孔适当地配合并要有好的表面质量。

活塞销一般采用低碳钢或低碳合金钢材料，外表面渗碳淬硬，再精磨和抛光，既提高表面硬度和耐磨性，又保证较高强度和冲击韧性连杆。

活塞销的内孔形状有圆柱形、两段截锥形和组合形，如图 2.12 所示。

2）连杆

连杆由连杆大头、连杆小头、连杆杆身等组成，如图 2.13 所示。有的柴油机连杆身内还设有润滑油道。

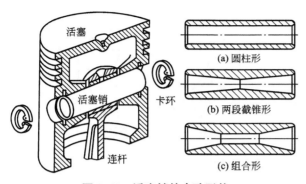

图 2.12 活塞销的内孔形状

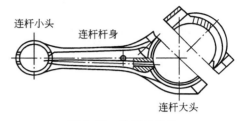

图 2.13 连杆的构造

连杆小头与活塞销连接方式有全浮式和半浮式。

全浮式连接指连杆青铜衬套以一定的过盈压入小头内部,工作时,活塞销可以在小头内做一定角度的摆动,而且还可在活塞销座孔内摆动。全浮式活塞销的连接方法,使活塞销磨损均匀,为防止活塞销两端刮伤气缸壁,在活塞销孔外侧装置活塞销挡圈。半浮式连接指活塞销只在活塞销孔内转动,在小头孔内不转,用螺栓将活塞销夹紧在连杆小头孔内,或者首先将小头加热到 300℃ 左右,再将活塞销压入小头孔中,不用紧固螺栓,从而避免了因过度拧紧而使活塞销变形。

连杆杆身断面多为工字形,刚度大,质量轻,一般需要模锻加工。

连杆大头剖分形式有平切口、斜切口两种,用连杆螺栓紧固,如图 2.14 所示。平切口,结合面与连杆轴线垂直,这种剖分形式刚度大,变形小,加工简单,成本低,多应用于汽油机。柴油机的曲柄销直径较大,所以连杆大头的尺寸相应较大,要使拆卸时能从气缸上端取出连杆体,必须采用斜切口,结合面与连杆轴线成 30°~60° 夹角,而且要有一定形式的定位机构。

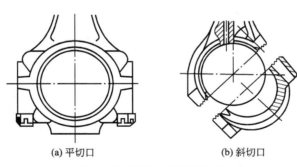

图 2.14 连杆大头剖分形式

为防止连杆盖横向移动,平切口连杆利用连杆螺栓上一段精密加工圆柱面与精密加工螺栓孔进行定位。斜切口连杆的连杆螺栓承受较大剪切力,易产生疲劳破坏,应采用能承受横向力的定位方法,一般采用止口定位、锯齿定位或套筒定位等方式,如图 2.15 所示。

止口定位是利用连杆盖与连杆体大端的止口进行定位,由止口承受横向剪切力。止口定位工艺简单,加工方便,但容易造成大头尺寸增大,定位不可靠。

锯齿定位是在连杆体与连杆盖的结合面上拉处锯齿,依靠齿面实现横向定位。锯齿定

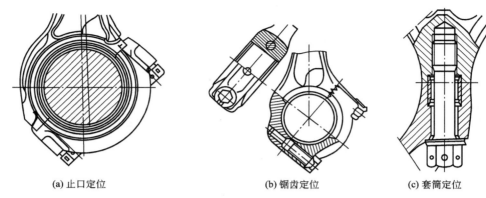

(a) 止口定位　　　　　(b) 锯齿定位　　　　　(c) 套筒定位

图 2.15　斜切口连杆大头的定位方式

位的优点是锯齿接触面大，贴合紧密，定位可靠，机构紧凑，因此应用广泛。

套筒定位是在连杆盖上的每个连杆螺栓孔中，同心的压入刚度大、抗剪切的定位套筒，套筒外圆与连杆体大端的定位孔为高精度配合。优点是多向定位，定位可靠；缺点是工艺要求高，若定位孔距不准，则会发生过定位而使大头失圆。

3. 曲轴飞轮组

曲轴飞轮组包括曲轴、曲轴轴承、飞轮、曲轴油封、曲轴扭转减振器、曲轴平衡机构等。

1) 曲轴

曲轴是将活塞的直线往复运动转化为曲轴的旋转运动，驱动配气机构和其他辅助装置。

曲轴在周期性变化的气体力、惯性力及其力矩的共同作用下工作，承受弯曲和扭转交变载荷。因此，曲轴应有足够的抗弯曲、抗扭转的疲劳强度和刚度，轴径应有足够大的承压表面和耐磨性，曲轴的质量应尽量小，对各轴径的润滑应该充分。

曲轴一般由 45、40Cr、35Mn2 等中碳钢和中碳合金钢模锻而成，轴颈表面经高频淬火或氮化处理，最后进行精加工。

有的柴油机采用球墨铸铁曲轴，价格便宜，耐磨性好，轴颈不需硬化处理。为提高曲轴的疲劳强度，消除应力集中，轴颈表面应进行喷丸处理，圆角处要经滚压处理。

曲轴按主轴颈数可分为全支撑曲轴和非全支撑曲轴。全支撑曲轴是在相邻的两个曲拐间都有主轴颈的曲轴。优点是抗弯能力强，但主轴颈多，加工表面多，曲轴长。非全支撑曲轴的主轴颈数少于全支撑的曲轴，其优缺点与全支撑曲轴相反。

曲轴按单元曲拐连接方式可分为整体式曲轴和组合式曲轴。整体式曲轴是由各单元曲拐锻制或铸造成一个整体的曲轴，工作可靠，质量轻，结构简单，如图 2.16 所示。组合式曲轴是由单元曲拐组合装配而成的曲轴。单元曲拐便于制造，使用中损坏可以更换，不必将整根轴报废，但拆装不便，如图 2.17 所示。

单元曲拐由主轴颈和曲柄销构成，主轴颈和曲柄销一般是实心，曲柄臂一般是椭圆形，部分锻钢曲轴曲柄销空心，减小曲柄销质量及其产生的旋转惯性力，如图 2.18 所示。部分铸铁曲轴主轴颈和曲柄销铸成空心。空心的连杆轴颈，与主轴颈之间有油孔相连。或

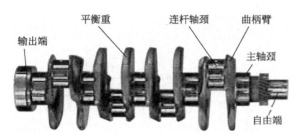

图 2.16　整体式曲轴

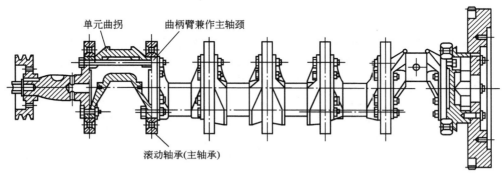

图 2.17　组合式曲轴

空心的连杆轴颈的润滑靠来自主轴颈的润滑油经压入曲轴的油管而实现,如图 2.18 所示。

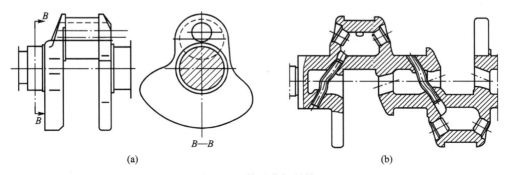

图 2.18　单元曲拐结构

各曲拐的相对位置或曲拐布置取决于气缸数、气缸排列形式和发动机工作顺序。当气缸数和气缸排列形式确定之后,曲拐布置就取决于发动机工作顺序。在选择发动机工作顺序时,应注意以下几点:应该使连接做功的两个气缸相距尽可能远,以减轻主轴承载荷和避免在进气行程中发生抢气现象,各缸发火的间隔时间应该相同,V 型发动机左右两列气缸应交替发火。

曲轴前端借助甩油盘和橡胶油封实现密封,发动机工作时,落在甩油盘上的机油,在离心力的作用下被甩到定时传动室盖的内壁上,再沿壁面流回油底壳,即使有少量机油落到甩油盘前面的曲轴上,也会被装在定时传动室盖上的自紧式橡胶油封挡住,如图 2.19 所示。

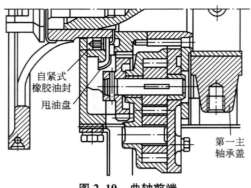

图 2.19　曲轴前端

由于近年来橡胶油封的耐油、耐热和耐老化性能的提高，在现代汽车发动机上曲轴后端的密封越来越多地采用与曲轴前端一样的自紧式橡胶油封，如图 2.20 所示。自紧式油封由金属保持架、氟橡胶密封环和拉紧弹簧构成。

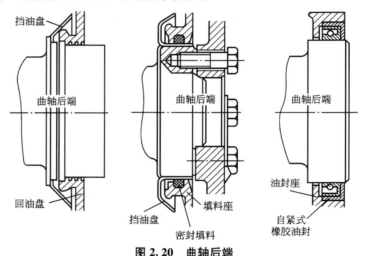

图 2.20　曲轴后端

当发动机工作时，曲轴在周期性变化的转矩作用下，各曲拐之间发生周期性相对扭转的现象称为扭转振动。当发动机转矩的变化频率与曲轴扭转的自振频率相同或成倍数时，就会发生共振。共振时扭转振幅加大，并导致传动机构磨损加剧，发动机功率下降，甚至使曲轴断裂。为了消减曲轴的扭转振动，现代发动机多在扭转振幅最大的曲轴前端装置扭转减振器。

曲轴的扭转减振器壳体与曲轴连接，减振器壳体与扭转振动惯性质量黏结在硫化橡胶层上，发动机工作时，减振器壳体与曲轴一起振动，由于减振器壳体与扭转振动惯性质量较大，因而在减振器壳体与曲轴两者之间产生扭转振动时，使橡胶层来回揉搓，振动能量被橡胶的内摩擦阻尼吸收，从而使曲轴的扭转振动得以消减，如图 2.21 所示。

2）飞轮

发动机飞轮是能量存储器，能保证发动机运转平稳，同时它也是摩擦式离合器的主动元件，在飞轮的轮缘上镶嵌起动用飞轮齿圈，刻有上止点记号，用于调整点火正时、喷油正时或配气正时,如图 2.22 所示。

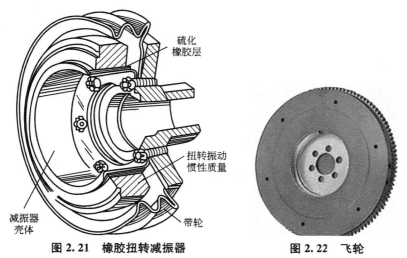

图 2.21　橡胶扭转减振器　　图 2.22　飞轮

飞轮是一个盘形零件,轮缘较宽厚,以获得较大的转动惯量,与曲轴一起进行动平衡,用定位销将飞轮紧固。飞轮一般多用灰铸铁制造,也有的飞轮采用球墨铸铁或铸钢。

连杆轴承和主轴承均由上下两片轴瓦对合而成。每一片轴瓦都是由钢背和减磨合金层或钢背、减磨合金层和软镀层构成。轴瓦一般是等壁厚的,但也有变厚度轴瓦,多用于强化程度较高的发动机,轴瓦在自由状态时,两个结合面外端的距离比轴承孔的直径大,其差值称为轴瓦的扩张量。在装配时,轴瓦的圆周过盈变成径向过盈,对轴承孔产生径向压力,使轴瓦紧密贴合在轴承孔内。在轴瓦的结合端冲压出定位唇,在轴承孔中加工有定位槽。以便装配时有正确的定位,通过连杆小头喷油孔喷油冷却活塞的发动机,在主轴承和连杆轴承的上下轴瓦上均加工有环形油槽和油孔,以便不间断地向连杆小头喷孔供油,如图 2.23 所示。

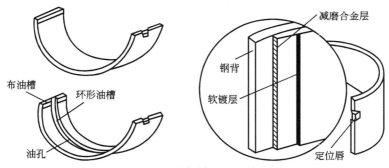

图 2.23　连杆轴承和主轴承

连杆轴承和主轴承均承受交变载荷和高速摩擦,因此轴承材料必须具有足够的抗疲劳强度,而且要摩擦小、耐磨损和耐腐蚀。

为了保证曲轴轴向定位,曲轴采用止推轴承定位方式,其中常见的采用翻边轴承或半圆环止推片或止推轴承环定位,如图 2.24 所示。

翻边轴承的轴瓦止推面与曲轴止推面的间隙为 0.06～0.25mm。

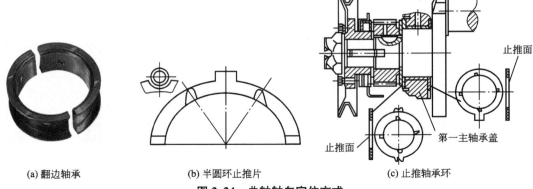

(a) 翻边轴承　　　　　(b) 半圆环止推片　　　　　(c) 止推轴承环

图 2.24　曲轴轴向定位方式

半圆环止推片一般为四片，上下各两片，分别安装在机体和主轴承盖上的浅槽中，用定位舌或定位销定位，防止其转动，装配时，需将有减磨合金层的止推面朝向曲轴的止推面，不能装反。

止推轴承环为两片止推圆环，分别安装在第一主轴承盖的两侧。

2.1.2　配气机构

配气机构的功用是根据发动机的工作顺序和工作过程，定时开启和关闭进气门和排气门，使可燃混合气或空气进入气缸，并使废气从气缸内排出，实现换气过程。配气机构由气门组和气门传动组零件组成，如图 2.25 所示。气门有进气门和排气门两类。

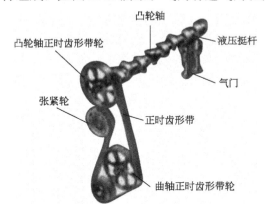

图 2.25　配气机构

气门组包括气门、气门导管、气门座及气门弹簧等零件。有的进气门还设有气门旋转机构。气门组应保证气门能够实现气缸的密封。气门传动组主要包括凸轮轴、定时齿轮、挺柱，此外还有推杆、摇臂和摇臂轴等。气门传动组的作用是使进、排气门能按配气相位规定的时刻开闭，且保证有足够的开度。

1. 配气机构的类型

按气门布置形式可分为气门顶置式和气门侧置式。

按凸轮轴布置位置可分为凸轮轴上置式、凸轮轴下置式和凸轮轴中置式。

按气门驱动形式可分为直接驱动式、摇臂驱动式和摆臂驱动式，如图 2.26 所示。

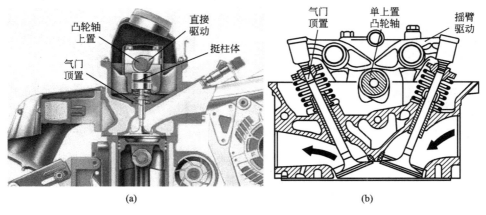

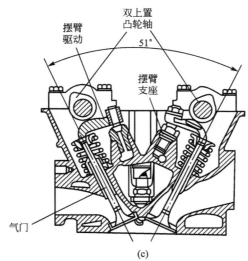

图 2.26 气门驱动形式

按每缸气门数及其排列方式可分为两气门式、三气门式、四气门式、五气门式。五气门式如图 2.27 所示。

配气机构中凸轮轴传动方式有齿轮传动式、链条传动式和同步带传动式三种方式，如图 2.28 所示。

以曲轴转角表示的进、排气门开闭时刻及其开启的持续时间称为配气定时，在配气机构中一般进气门提前开启，延迟关闭，进气提前角 α 表示从进气门开到上止点曲轴所转过的角度，进气迟后角 β 表示从进气行程下止点到进气门关闭曲轴转过的角度。排气提前角 γ 表示从排气门开启到下止点曲轴转过的角度，排气迟后角 δ 表示从上止点到排气门关闭曲轴转过的角度。

配气相位图用上、下止点曲拐位置时的曲轴转角环形图来表示，进气时，进气门提前 α 角打开，滞后 β 角

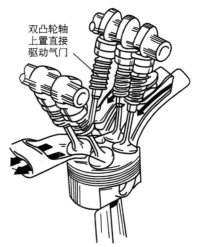

图 2.27 五气门式配气机构

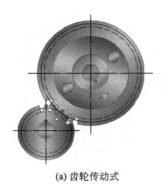  

(a) 齿轮传动式　　　　　(b) 链条传动式　　　　　(c) 齿形带传动式

图 2.28　凸轮轴传动方式

关闭，进气时间为：$\alpha+180°+\beta$。排气时，排气门提前 γ 角开启，滞后 δ 角关闭，排气时间为：$\gamma+180°+\delta$。活塞在排气上止点附近出现进、排气门同时开启的现象称为气门重叠，重叠期间的曲轴转角称为气门重叠角，它等于进气提前角与排气迟后角之和 $\alpha+\delta$，如图 2.29 所示。

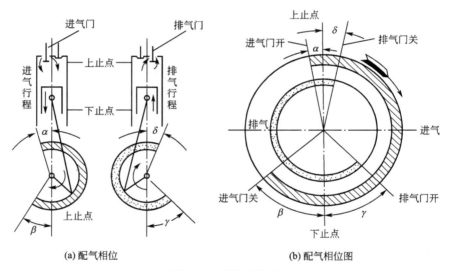

(a) 配气相位　　　　　　　　　　　(b) 配气相位图

图 2.29　配气相位图

冷态时，当气门处于关闭状态时，气门与传动件之间的间隙称为气门间隙。气门间隙过小，发动机工作时漏气、气门烧坏。气门间隙过大，配气机构传动零件之间、气门和气门座之间撞击严重，加速磨损。

在气门关闭时可以通过调整气门间隙调整螺钉来调整气门间隙，如图 2.30 所示。

采用液压挺柱或气门间隙自动补偿器可以实现零气门间隙，不用调整气门间隙。

2. 配气机构的零件和组件

气门组零件如图 2.31 所示，有的进气门设有气门旋转机构，气门组要求气门头部与气门座贴合严密，气门导管与气门杆导向良好，气门弹簧两端与气门杆的中心垂直，气门弹簧的弹力足够。

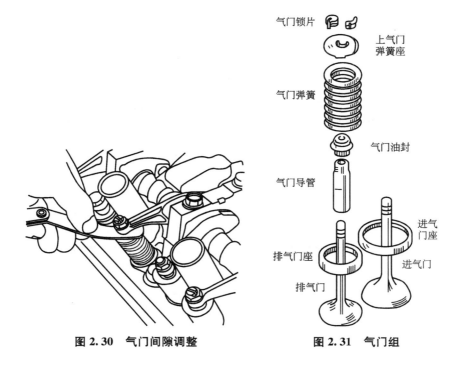

图 2.30　气门间隙调整　　　　图 2.31　气门组

气门工作温度很高,进气门为 300～400 ℃,排气门为 600～800 ℃,此外气门还承受气缸压力、弹簧力、传动组零件惯性力,冷却和润滑条件差、易受腐蚀。

气门需要足够的强度刚度、耐热、耐磨能力,进气门一般用合金钢(铬钢或镍铬钢)制造,排气门一般用耐热合金钢(硅铬钢),有的排气门头部用耐热合金钢,杆部用铬钢。

气门结构如图 2.32 所示。

气门顶面有平顶、凹顶和凸顶三种形式,如图 2.33 所示。

平顶气门结构简单,制造方便,受热面积小,质量小,目前应用最多,进排气门均可用。凹顶气门头部与杆部有较大的过渡圆弧,可以减小进气阻力,头部弹性较大,能较好适应气门座圈的变形,适用于进气门,不宜用于排气门。凸顶气门的头部刚度大,排气阻力小,但受热面积大,质量大,加工较复杂,适用于排气门。

气门锥角是指气门锥面与气门顶面之间的夹角,一般为 45°,少数进气门为 30°,如图 2.34 所示。较小的气门锥角可以增大气门通过断面,减小进气阻力,增加进气量,但同时也会减小气门头部边缘厚度,使得刚度变差,降低密封性。反之,较大的气门锥角可提高气门头部边缘的刚度,气门落座时有较好的自动对中作用,能承受的接触压力也比较大,有利于密封、传热及挤掉密封锥面上的积炭。

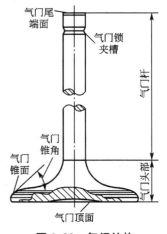

图 2.32　气门结构

某些高度强化发动机为了减轻气门质量,减小气门运动惯性力,采用中空气门杆气

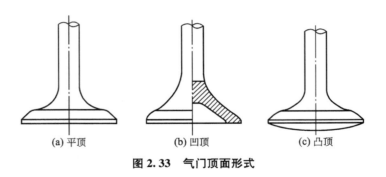

图 2.33 气门顶面形式

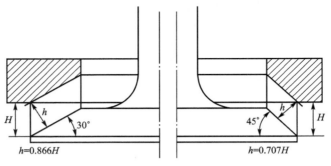

图 2.34 气门锥角

门。某些风冷和乘用车发动机，为了取得更好的冷却效果，采用充钠排气门，钠熔点为 97.8℃，沸点为 880℃。

气门座与气门配合对气缸起密封作用，也接受气门传来的热量进行散热。有些缸盖采用铸铁材料，气门座直接在缸盖上加工出来。多数铝气缸盖和多数铸铁缸盖镶气门座圈，座圈多采用合金铸铁、粉末冶金、奥氏体钢制造，要求其能承受频率极高的冲击载荷和温度，不易磨损。

气门导管对气门的运动起导向作用，保证气门做直线往复运动，使气门和气门座能正确贴合，同时，还将气门杆接受的热量部分传给气缸盖。

气门导管的工作温度较高，润滑条件较差（靠配气机构飞溅机油润滑），容易磨损，一般用灰铸铁、球墨铸铁、铁基粉末冶金制造。

气门导管装配时，与气缸盖承孔过盈配合。有的发动机不设气门导管，有的气门导管设有卡环槽防松落，有的排气门气门导管设有排渣槽，以清除沉积物和积炭。

气门杆与气门导管孔之间需要机油润滑，但机油又不能太多，否则机油消耗量增加，为此，现代汽车发动机都装有气门油封。

气门弹簧的功用是保证气门关闭时能紧密地与气门座贴合，克服在气门开启时配气机构产生的惯性力，使传动件始终受凸轮控制而不相互脱离。

气门弹簧在工作时承受交变载荷，为保证其可靠地工作，应具有合适的刚度和足够的抗疲劳强度，避免弹簧锈蚀，两端面必须磨光并与轴线垂直。气门弹簧一般用优质冷拔弹簧钢丝如高碳锰钢、铬钒钢等并经热处理，钢丝表面抛光处理、表面镀锌、磷化。

气门弹簧结构如图 2.35 所示，采用等螺距圆柱形螺旋弹簧会发生共振。为了防止共振发生,一般采取如下结构措施:采用变螺距气门弹簧,螺距小端向缸盖顶面,或者采用锥形气门弹簧,弹簧大端向缸盖顶面,也可以采用双气门弹簧,弹簧旋向相反,有的采用气门弹簧振动阻尼器。

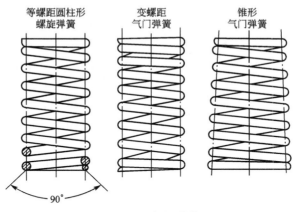

图 2.35 气门弹簧

凸轮轴下置式配气机构一般有凸轮轴、挺柱、推杆、摇臂和摇臂轴等组成,凸轮轴顶置式配气机构一般由凸轮轴、挺柱、摇臂和摇臂轴等组成,凸轮轴顶置直接驱动气门式配气机构由凸轮轴、挺柱等组成。

凸轮轴一般配置有各缸进、排气凸轮,使气门按一定的工作次序和配气相位及时开闭。

凸轮轴承受周期性的冲击载荷,表面磨损比较严重,凸轮轴要求表面耐磨,足够韧性刚度,一般由优质碳钢或合金钢锻造,也有用合金铸铁或球墨铸铁铸造,凸轮表面经热处理后磨光。

四缸发动机凸轮轴如图 2.36 所示。

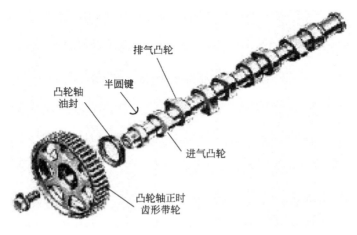

图 2.36 凸轮轴

凸轮轮廓如图 2.37 所示,其作用是控制进排气门开闭时刻、持续时间及开闭的速度。同名凸轮的相对位置与凸轮轴的旋转方向、发动机点火顺序、气缸数、做功间隔角有关。

凸轮轴传动机构定时记号如图 2.38 所示。

挺柱是凸轮的从动件,将来自凸轮的运动和作用力传给推杆或气门。挺柱的工作条件比较恶劣,摩擦和磨损都相当严重,而且还承受凸轮侧向力而偏磨,挺柱工作面应耐磨损并得到良好润滑,一般用碳钢、合金钢、镍铬合金铸铁和冷激合金铸铁制造。机械挺柱的结构形式如图 2.39 所示。

摇臂是将推杆或凸轮传来的运动和作用力,改变方向传给气门使其开启。摇臂承受很大弯矩,需要其有足够强度、足够刚度和较小质量,一般采用锻钢、铸铁、铝合金制造。摇臂与其他零部件的连接关系如图 2.40 所示。

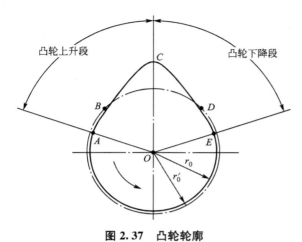

图 2.37 凸轮轮廓

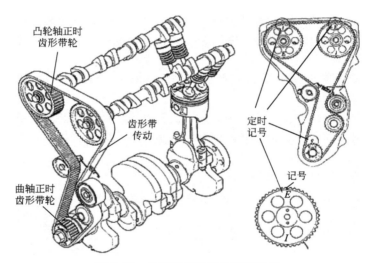

图 2.38 凸轮轴传动机构定时记号

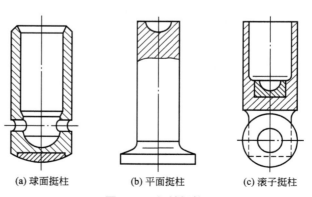

(a) 球面挺柱　　(b) 平面挺柱　　(c) 滚子挺柱

图 2.39 机械挺柱

有些发动机采用可变配气正时及气门升程机构，如本田发动机的 VTEC 使配气正时和气门升程根据发动机转速变化做出相应的实时调整，使气缸的充气量同时满足发动机低转速和高转速下的不同需要，从而提高了发动机的动力性和经济性。VTEC 组成如图 2.41 所示。

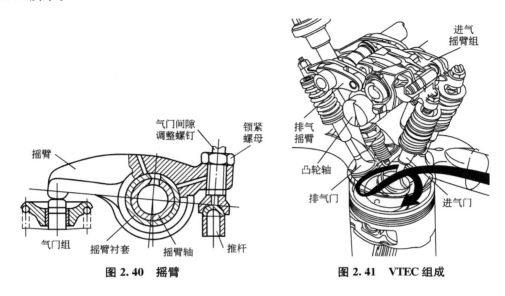

图 2.40　摇臂

图 2.41　VTEC 组成

VTEC 在低转速下，正时活塞无油压作用，同步活塞在图 2.42 位置，主、辅摇臂分别由主、辅进气凸轮驱动，主进气门按正常的时间和高度开启，辅助进气门由于辅助凸轮的高度小而稍稍打开，以防止燃油阻塞进气口，中间进气摇臂由中间凸轮驱动，但对进气门的开启无任何作用，进排气门重叠角和升程都较小，满足了低速工况的需要。

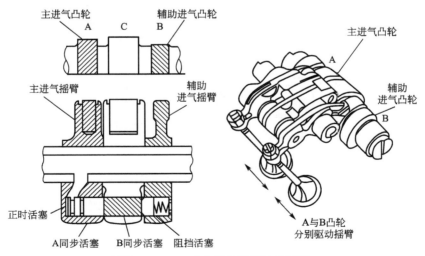

图 2.42　VTEC 在低转速下工作原理

VTEC 在高转速下，ECM 输出控制信号，使 VTEC 电磁阀打开，来自机油泵的油压作用于正时活塞，使正时活塞和同步活塞右移，同步活塞将 3 个摇臂连锁，成为一体，主、辅助进气摇臂均由中间凸轮驱动,从而改变了配气正时,增大了进排气门重叠角和升程,适应了高速工况的需要,如图2.43所示。

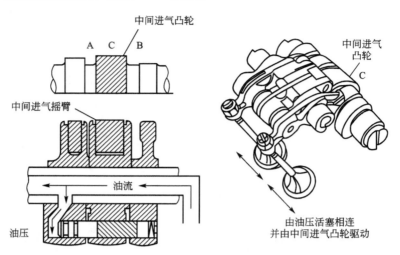

图2.43 VTEC在高转速下工作原理

2.1.3　发动机燃料供给系统

1. 汽油机燃料供给系统

汽油机燃料供给系统的功用是根据发动机的要求,配制出一定数量和浓度的混合气,供入气缸,并将燃烧后的废气从气缸内排出到大气中去;柴油机燃料供给系的功用是把柴油和空气分别供入气缸,在燃烧室内形成混合气并燃烧,最后将燃烧后的废气排出。

现代汽油机一般采用电控燃油喷射系统,柴油机采用喷油泵和喷油器,发动机燃料供给系还包括空气滤清器、进气管、排气管、消声器等部件。电控汽油喷射系统的供给系统采用电动燃油泵、喷油器、燃油压力调节器、燃油分配管等零部件,如图2.44所示。

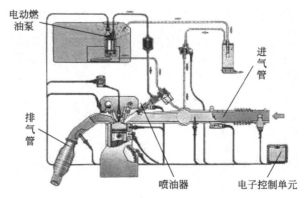

图2.44 电控汽油喷射系统的燃油供给系统

汽油箱通常由耐油硬塑料制成,内装有油量传感器,如图2.45所示。

汽油滤清器主要作用是除去汽油中的杂质和水分,减少喷油器等部件的故障。可拆式汽油滤清器一般采用纸质滤芯、多孔陶瓷滤芯、金属片缝隙式和金属网式滤芯，如图2.46所示。不可拆式汽油滤清器需要定期更换总成，一般在乘用车上使用较多。

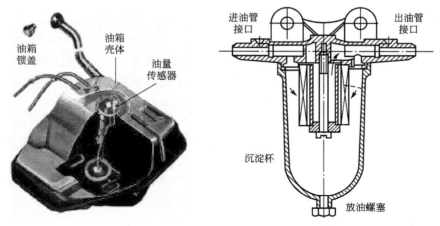

图2.46 汽油箱　　　　　　图2.46 可拆式汽油滤清器

汽油泵是将汽油从汽油箱吸出，经油管和汽油滤清器泵入燃油分配管。机械驱动膜片式汽油泵由凸轮轴偏心轮驱动，如图2.47所示，汽油泵应有充分的供油能力，其最大供油量为发动机最大耗油量的6~8倍，有效地减小"气阻"现象，工作过程包括吸油过程和压油过程，供油稳压装置可以自动调节供油量。

电动汽油泵的结构如图2.48所示，它是由永磁电动机驱动的带滚柱的转子泵，主要由驱动油泵的直流电动机、滚柱式油泵、限压阀和保持剩余压力的单向阀组成。电动汽油泵安装在汽油箱中，汽油不断流动，使电动机能充分冷却。汽油泵的供油量应大于发动机的最大需求量，以便发动机在所有工况下都能保持汽油供给系统中的油压。

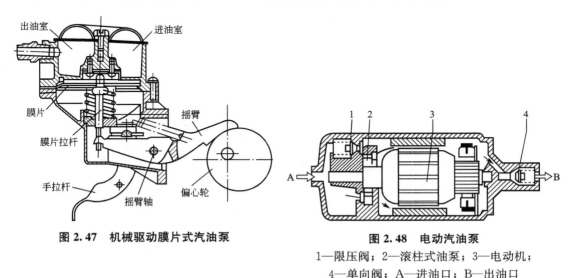

图2.47 机械驱动膜片式汽油泵　　　　图2.48 电动汽油泵
1—限压阀；2—滚柱式油泵；3—电动机；
4—单向阀；A—进油口；B—出油口

汽油机燃油分配管的任务是将汽油均匀地分配到所有喷油器中。

燃油分配管具有储油功能,为了克服压力波动,其容积比发动机每工作循环喷入的汽油量大得多,从而使接在分配管上的喷油器处于相同汽油压力之下。

油压调节器任务是保持汽油压力与进气管压力之间的压力差不变,从而使喷油器喷出的汽油量仅取决于阀的开启时间。

油压调节器装在汽油分配管上,如图 2.49 所示,这是一种膜片控制的溢流调节器,将汽油压力调节到约 0.24MPa。油压调节器有一个金属外壳,一个卷进的膜片将此外壳分为两个腔室,一个是弹簧室,有一定预紧力的螺旋弹簧对膜片施加一个作用力;另一个胶室用于容纳汽油(汽油室),汽油室直接与供油总管相通。

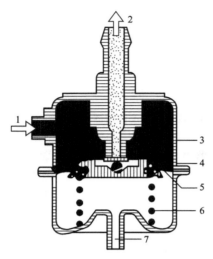

图 2.49　油压调节器

1—进油口；2—回油接头管；
3—球阀；4—阀座；5—膜片；
6—压力弹簧；7—进气管接头

每个发动机气缸都配置一个电子控制的喷油器,喷油器装在进气门前的进气道中,其作用是将精确定量的汽油喷到发动机各个进气管末端的进气门前面。喷油器由喷油器体、滤网、磁场绕组、针阀、阀体、螺旋弹簧、调整垫等组成,如图 2.50 所示。

喷油器为电磁式,由 ECU 的电脉冲控制其开启或关闭。各喷油器并联,当磁场绕组无电流时,喷油器针阀被螺旋弹簧压在喷油器出口处的密封锥座上。磁铁线圈通电,针阀从其座面上升约 0.1mm,汽油从精密环形间隙中流出,与空气一起被吸入气缸,并通过旋流作用在进气和压缩行程中形成易于点燃的均匀空气汽油混合气。

可燃混合气的成分对发动机性能的影响,如图 2.51 所示,功率点与经济点并不对应。

当 $\alpha=1.11$（经济混合气）时,燃油消耗率最低,经济性最好。

当 $\alpha=0.88$（功率混合气）时,发动机输出功率最大。

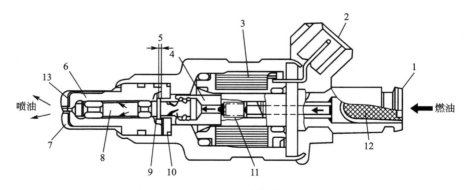

图 2.50　喷油器

1—汽油接头；2—接线插头；3—电磁线圈；4—磁心；5—行程；6—阀体；
7—壳体；8—针阀；9—凸缘部；10—调整垫；11—弹簧；12—滤网；13—喷口

当 $\alpha<0.88$（混合气过浓）、$\alpha>1.05\sim 1.15$（混合气过稀）时，动力性、经济性均不理想。

当 $\alpha=0.88\sim 1.11$ 时，兼顾发动机的动力性、经济性较好。

当 $\alpha=1.3\sim 1.4$（火焰传播下限）时，发动机不能稳定运转，甚至缺火停转。

当 $\alpha=0.4\sim 0.5$（火焰传播上限）时，燃烧严重缺氧，使火焰不能传播。

车用汽油机工作的特点是工况（负荷和转速）变化范围大，而且有时变化非常迅速；发动机大部分时间在中等负荷下工作。

车用汽油机各种使用工况对混合气成分的要求如下。

（1）稳定工况对混合气成分的要求。

怠速和小负荷工况时化油器提供的混合气必须较浓：怠速（$n=400\sim 800 \text{r/min}$）时 $\alpha=0.6\sim 0.8$，小负荷时 $\alpha=0.7\sim 0.9$。

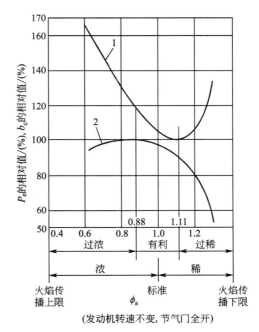

图 2.51　可燃混合气的成分对发动机性能的影响
1—燃油消耗率；2—功率

发动机大部分时间在中等负荷下工作，燃油经济性要求是首要的，化油器提供的混合气接近相应于燃油消耗率最小的 $\alpha=1.0\sim 1.15$。

达到全负荷之前的大负荷范围内，化油器提供的混合气应从以满足经济性要求为主逐渐转到以满足动力性要求为主；达到全负荷时，要求化油器能提供相应于最大功率的浓混合气 $\alpha=0.85\sim 0.95$。

（2）过渡工况对混合气浓度的要求。

冷起动时发动机起动时转速极低（$n=100 \text{r/min}$），空气流速非常低，不能使汽油得到良好雾化，要求化油器提供给极浓的混合气 $\alpha=0.4\sim 0.6$。

暖机时化油器提供的混合气的 α 从起动时的极小值逐渐加大到稳定怠速所要求的数值。

加速时节气门突然加大，空气流量瞬时随之增加，致使混合气暂时过稀，不仅不能加速，发动机还可能熄火。化油器应能在节气门突然开大时，额外添加供油量，以便及时使混合气加浓到足够的程度。

2．柴油机燃料供给系统

柴油机燃油供给系统是在适当的时刻，将一定数量的洁净燃油增压后以适当的规律喷入燃烧室。要求各缸的喷油定时和喷油量相同且与柴油机运行工况相适应。喷油压力、喷注雾化质量及其在燃烧室内的分布与燃烧室类型相适应，在每一个工作循环内，各气缸均喷油一次，喷油次序与气缸工作顺序一致，根据柴油机负荷的变化自动调节循环供油量，以保证柴油机稳定运转，尤其是稳定怠速，限制超速。

柴油机燃烧室分为直喷式燃烧室和分隔式燃烧室。直喷式燃烧室又称统一式燃烧室，如图 2.52 所示，燃烧室容积集中于活塞顶上的燃烧室凹坑内，直喷式燃烧室有 ω 型燃烧室和球形燃烧室等。其中，ω 型燃烧室结构简单，燃烧室位于活塞顶，喷油器采用孔式喷油器，混合气的形成以空间雾化为主。球形燃烧室位于活塞顶部的深坑内，采用单孔或双孔喷油器，混合气的形成以油膜蒸发为主，采用螺旋进气道形成强烈的进气涡流。

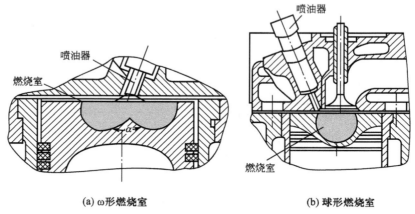

图 2.52 直喷式燃烧室

分隔式燃烧室分为两个部分，主燃烧室位于活塞顶，而副燃烧室位于缸盖上，主、副燃烧室通过通道相同，喷油嘴位于副燃烧室内，如图 2.53 所示。分隔式燃烧室有涡流燃烧室和预燃燃烧室两种类型。其中，涡流燃烧室的主、副燃烧室之间通过狭窄的切向通道相通，空气被挤入涡流室形成强烈而有规则的涡流运动，大部分柴油在涡流室内燃烧，形成二次涡流混合燃烧。预燃燃烧室中的空气被挤入预燃室产生无规则紊流，小部分柴油在预燃室内燃烧，产生二次紊流混合完全燃烧。

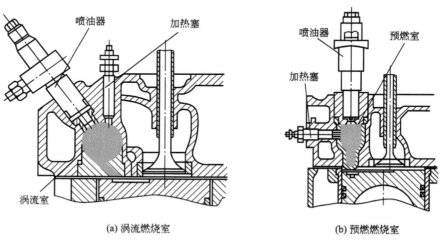

图 2.53 分隔式燃烧室

国外已经开发出许多共轨喷油系统，其中比较典型的有美国 BKM 公司的 servojet 系统、Caterpiller 公司的 HEUI 系统、日本电装公司的 ECD-U2 系统和德国 BOSCH 公司的高压共轨式喷油系统。

德国 BOSCH 公司的高压共轨式喷油系统主要由高压泵、燃油滤清器、燃油泵、高压喷油器、高压传感器、限压阀、油管等组成，如图 2.54 和图 2.55 所示。

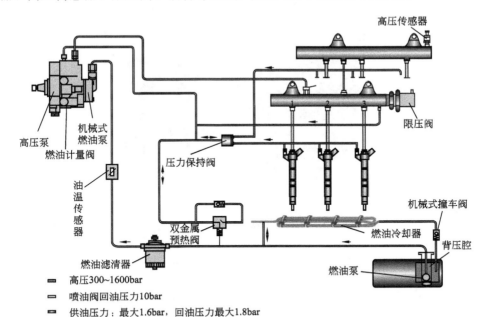

图 2.54　德国 BOSCH 公司的高压共轨式喷油系统组成

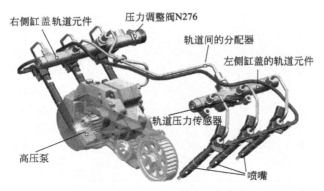

图 2.55　德国 BOSCH 公司的高压共轨式喷油系统组成

高压泵的内部结构如图 2.56 所示。

采用双调节系统调节燃油压力，发动机冷态时，在怠速范围内燃油压力调整阀 N276 调节燃油压力。发动机处于热态时，通过燃油调整单元 N290 将燃油输送到燃油调节系统，防止燃油受到不必要的加热。

共轨内的燃油压力达 200bar 或更高，发动机控制单元触发喷油器开始喷油。只要共轨腔内燃油压力降到 130bar 以下，发动机控制单元即中断喷油。

如图 2.57 所示，初级输油泵把柴油输送到二级油泵后，经二级油泵进一步提高压力至 7bar 左右，然后进入燃油压力调节阀处，发动机计算机根据发动机运行工况通过 PWM 调制信号（占空比信号）对燃油压力调节器进行调节，当燃油压力调整阀内调节活塞向左移

汽车发动机机械系统

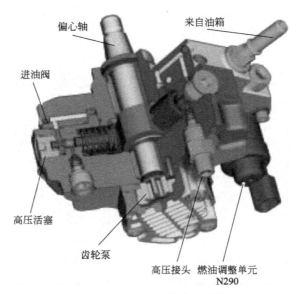

图 2.56　高压泵的内部结构

动时，二级油泵内的燃油通过燃油压力调整阀和进油阀进入泵腔，泵腔内的燃油受到压缩后顶开出油阀进入燃油共轨，共轨内的压力大小主要靠进入泵腔内的燃油多少，进入泵腔内的燃油越多，进入共轨腔内的燃油就越多，由于共轨体积不变，所以共轨内的压力随进入泵腔内的燃油多少而变化。共轨腔内压力变化范围为 150～1800bar。

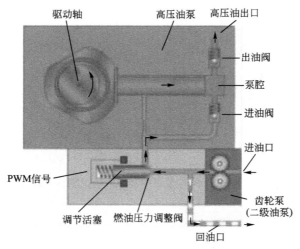

图 2.57　高压泵工作过程

齿轮泵由齿形传动带通过偏心轴驱动，其作用是将燃油从燃油箱输送至高压泵。

齿轮泵工作过程如图 2.58 所示。两齿轮按各自的方向旋转，此时进油腔的体积变大，起到吸油的目的，而出油腔的体积变小，起到压油的目的，当油压大于一定压力时，顶开出油阀。

目前在共轨柴油机上的喷油器主要有两种：压电式喷油器和电磁阀式喷油器（图 2.59）。

46

电磁阀式喷油器的优点是成本较低，技术趋于成熟，便于和柴油发动机匹配，应用广泛。缺点是响应速度慢，不能实现多次预喷和后喷。

电磁阀式喷油器工作过程如图 2.60 所示，当电磁线圈无电流通过时，高压燃油经进油口进入喷油器的控制腔和下端喷油嘴针阀处，此时上、下两处的燃油压强相同，而由于阀门调节杆上方有效截面积比针阀处有效截面积大，所以阀门调节杆受到合力方向向下，喷油器针阀紧压在针阀座上，喷油器停止喷油。

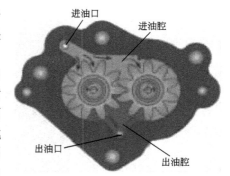

图 2.58 齿轮泵的工作原理图

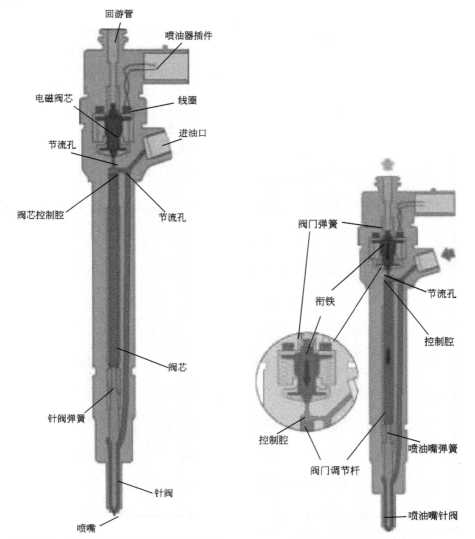

图 2.59 电磁阀式喷油器的内部结构图　　图 2.60 喷油器断电状态

如图 2.61 所示，当发动机控制单元给电磁线圈供电时，衔铁上移，控制腔上端节流孔打开，控制腔压力变小，针阀控制杆受到合力方向向上，针阀控制杆向上运动，喷油器针阀开启，高压燃油喷入气缸，完成燃油喷射过程，喷射时间根据电控单元给电磁线圈的通电时间而定，通电时间越长，则针阀打开的时间越长，喷入气缸内的燃油就越多。

奥迪 2.5L、6 缸、型号 AFB 发动机采用泵管嘴喷油系统，其结构如图 2.62 所示，供油系统主要由油箱、燃油泵、燃油滤清器、喷油泵和喷油器组成。

（1）燃油泵。油箱内有一个燃油泵，它驱动两个抽吸泵将燃油送入背压腔，这样可以保证径向柱塞分配式喷油泵抽到的燃油内无气泡。

（2）燃油滤清器。由于燃油含有很小的杂质颗粒会对径向柱塞分配式喷油泵造成损伤，因此在燃油进入喷油泵前，用燃油滤清器对燃油进行过滤。

（3）径向柱塞分配式喷油泵。如图 2.63 所示，径向柱塞分配式喷油泵有单独的控制单元，该控制单元用于控制和监控喷油泵的

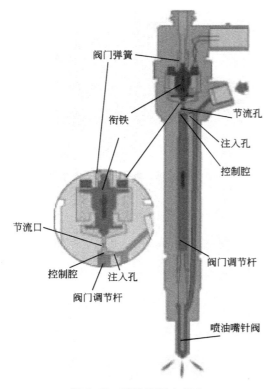

图 2.61 喷油器通电状态

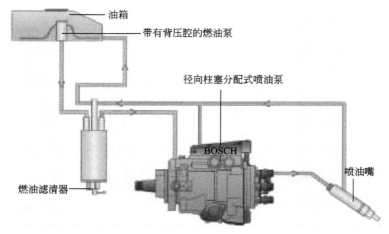

图 2.62 AFB 发动机的燃油系统组成简图

执行元件。控制单元与喷油泵一体。

径向柱塞分配泵内部结构如图 2.64 所示。

如图 2.65 所示，在径向柱塞分配式喷油泵内有叶片泵，叶片泵从油箱内抽取燃油并在径向柱塞分配式喷油泵内建立起压力。叶片泵主要靠吸油腔和出油腔的体积变化实现泵油工作。

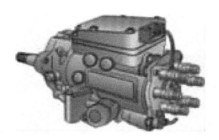

图 2.63 径向柱塞分配式喷油泵实物图

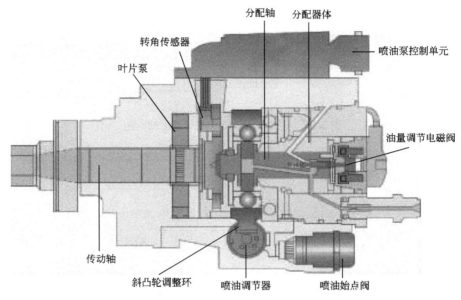

图 2.64 径向柱塞分配泵内部结构

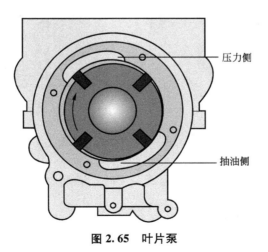

图 2.65 叶片泵

径向柱塞分配式喷油泵工作原理如下。

① 吸油过程：如图2.66和图2.67所示，当电磁阀打开时，径向柱塞分配式喷油泵内的压力会将燃油压入压缩室内。

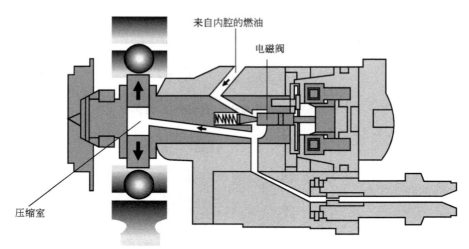

图2.66　径向柱塞分配式喷油泵吸油过程

② 压缩过程：如图2.68所示，燃油由两个活塞来压缩，活塞通过滚子由斜凸轮调整环来驱动，驱动力来自传动轴。

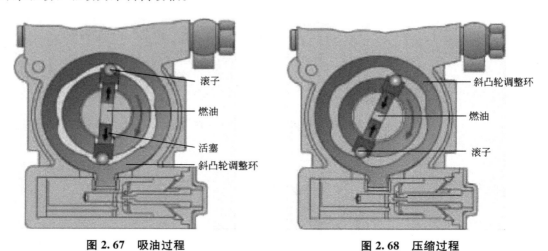

图2.67　吸油过程　　　　　　　　图2.68　压缩过程

传动轴转动时会使滚子作用到斜凸轮调整环的凸轮轴上，从而将活塞向内压，活塞中间的燃油被压缩。

③ 分配过程：如图2.69所示，电磁阀关闭时，燃油由分配轴和分配器体经回油节流阀和喷油嘴分配到各气缸。

如图2.70所示，分配器体上有通往各气缸的孔，分配轴与传动轴一同转动，这样可使压缩室总是与分配器体上的某一个孔相连接。

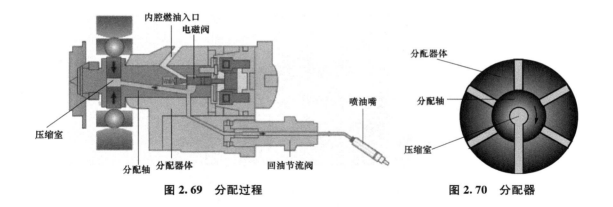

图 2.69　分配过程　　　　　　　图 2.70　分配器

2.1.4　冷却系统

冷却系统的功用是将受热零件吸收的部分热量及时散发出去，保证发动机在最适宜的温度状态下工作。发动机过热会使发动机充气效率降低，早燃和爆燃易发生，发动机功率下降，运动机件易损坏，润滑油黏度减小、润滑油膜易破裂加剧零件磨损。发动机过冷会使可燃混合气燃烧困难，发动机功率降低及燃油油耗增高，润滑油黏度增大，零件磨损，燃油凝结而流入曲轴箱，增加油耗，且机油变稀，从而导致功率下降，磨损增加。

发动机冷却系统介质不同可分为风冷却系统和水冷却系统。

风冷却系统冷却介质是空气，利用气流使散热片的热量散到大气中，其组成包括风扇、导流罩、散热片、气缸导流罩、分流板。缸体、缸盖均布置了散热片，气缸、缸盖都是单独铸造，然后组装到一起，缸盖最热，采用铝合金铸造，且散热片比较长，为了加强冷却，保证冷却均匀，装有导流罩、分流板，如图 2.71 所示。

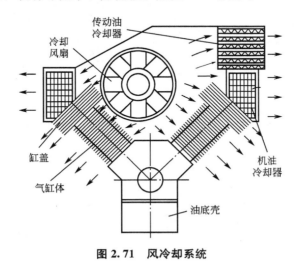

图 2.71　风冷却系统

风冷却系统结构简单、质量较小、升温较快、经济性好。缺点是难以调节，消耗功率大、工作噪声大。

水冷却系统冷却介质是"水"，通过冷却水的不断循环，从发动机水套中吸收多余的热量,并散发到大气中,其组成部件包括水泵、水套、散热器、百叶窗、风扇、分水管、节温器、水温表等,如图2.72所示。

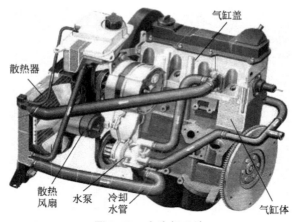

图 2.72 水冷却系统

水冷系统的水路循环,在水泵作用下,水经水套而吸热,沿水管流入散热器(同时风扇作用而散热),水的温度下降后又由水泵泵回水套内。

当水温高于70°,部分水流经散热器;水温高于83°时,水套中的热水全部流经散热器,进行大循环,如图2.73所示。

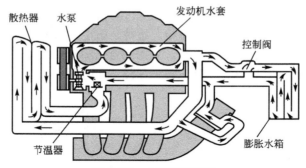

图 2.73 大循环示意图

当水温低于70°,水套中的水经旁通水道进入水泵,又经水泵压入水套,不经散热器,称为小循环,如图2.74所示。

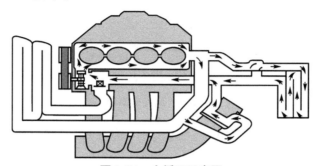

图 2.74 小循环示意图

冷却液最好使用软水,如雨水、河水、自来水;尽量不用硬水,如泉水、井水,容易产生水垢;硬水可加纯碱、烧碱、红矾溶液进行软化。为了降低冷却液冰点,一般添加了乙二醇、甘油、酒精等配制而成。

水冷系统主要由水泵、水套、散热器、百叶窗、风扇、分水管、节温器、水温表等。

气缸体和气缸盖内的一层水套,是气缸体和气缸盖的双层壁所形成的空间。水套中的分水管,使冷却水能均匀流到各缸,水套中的喷水管,强烈地冷却排气门,如图 2.75 所示。

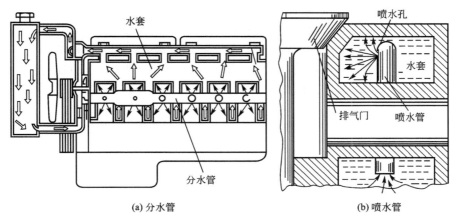

图 2.75 水套结构

水泵对冷却水加压,强制冷却水流动,汽车发动机广泛采用离心式水泵。

水泵由水泵盖、叶轮、水泵轴、轴承、水封组成,如图 2.76(a)所示。

水泵轴转动,冷却水由进水管到叶轮中心,叶轮转动产生离心力,经出水口积压到气缸体水套中去,叶轮的中心部分形成低压,散热器中的冷却水又从进水管泵入叶轮中心,如此循环不息,如图 2.76(b)所示。

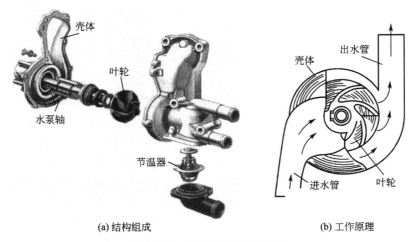

图 2.76 水泵结构和工作原理

风扇用来促进散热器的通风,提高散热器的热交换能力,风扇与水泵同轴,由叶片和连接板组成。风扇形式有叶尖前弯、尖窄根宽、尼龙压铸整体风扇。

有些发动机的风扇由曲轴带轮通过V带驱动,发电机带轮作为张紧轮,发动机低速大负荷时温度高,需要提高风扇转速以加强散热,但风扇转速反而随曲轴转速而降低。不能根据发动机的热状况对冷却强度进行调节,如图2.77所示。

为了根据发动机的热状况随时对其冷却强度加以调节,在风扇带轮上装有硅油风扇离合器,其结构如图2.78所示。硅油风扇离合器主动轴固定在风扇带轮上由曲轴驱动,主动板随主动轴一起旋转,从动板、前盖、壳体、风扇连成一体,前盖与从动板间空腔为储油腔,储有高黏度硅油,壳体与从动板间空腔为工作腔,从动板上有进油孔、回油孔、泄油孔。进油孔由感温器根据水温高低控制封闭或打开。发动机温度低时,进油孔关闭,工作腔内无油,风扇离合器分离,风扇空转。发动机温度高时,阀片使进油孔开,硅油从储油腔进入工作腔,风扇离合器接合,增强冷却。硅油被甩向外缘,经回油孔流回储油腔,再经进油孔流回工作腔形成循环回路。

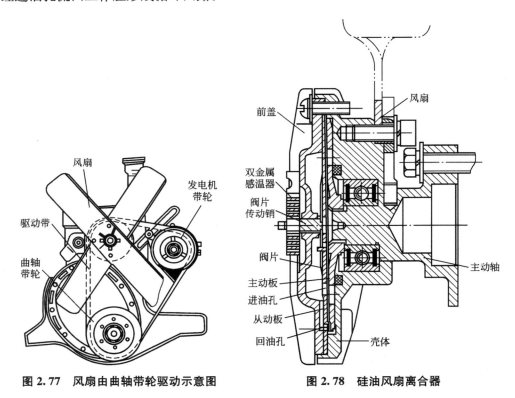

图2.77 风扇由曲轴带轮驱动示意图　　图2.78 硅油风扇离合器

现在一些发动机开始安装电动风扇,电动风扇由电动机驱动,蓄电池为动力,其转速与发动机的转速无关。电动机由位于散热器的温控热敏电阻开关控制,需要风扇工作时自行启动,如图2.79所示。电动风扇无动力损失,结构简单,布置方便,如捷达、桑塔纳等乘用车电动风扇均为两挡:温度为92~97℃时,热敏开关接通电动风扇1挡,风扇转速为2300r/min;温度为99~105℃时,热敏开关接通电动风扇2挡,风扇转速为2800r/min;温度降到84~91℃时,热敏开关切断电源,风扇停转。

散热器也称水箱,其主要作用是将冷却液的热量散入大气。散热器主要结构如图2.80

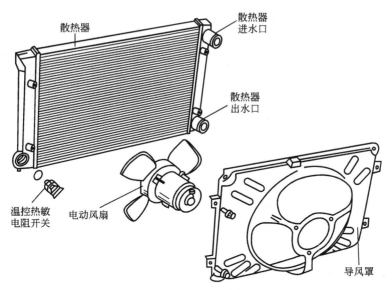

图 2.79 电动风扇结构

所示,上、下水箱储存冷却水,散热器芯吸收热量,进水口与缸盖上出水口相连,上水箱上设有加水口,并用散热器盖封闭,下水箱底部开有出水口和放水开关。

散热器盖结构如图 2.81 所示,其主要作用是调节冷却液的工作压力,从而提高冷却液的沸点,使冷却液不易沸腾。冷却液温正常时,空气阀和蒸气阀关闭,上储水箱与蒸气排出管隔开。蒸气压力达到 126～137kPa 时,蒸气阀打开,部分蒸气外泄。蒸气压力降到 99～87kPa 时,空气阀被大气压力压开,部分空气被吸入。

膨胀水箱主要作用是建立封闭系统,减少空气对冷却系内部的氧化,使水、气分离,避免冷却液的流失。膨胀水箱用橡胶管与散热器相接,冷却液温度升高后,流入膨胀水箱,冷却液温度降低后,吸回散热器,膨胀水箱设有"DI" "GAO"线,用以观察冷却液是否适量。

节温器可以根据冷却液温的变化,自动调节冷却液的循环路线,主要类型有蜡式、折叠式、单阀、双阀式等,现在蜡式节温器应用比较广泛。

蜡式节温器结构如图 2.82 所示。

当冷却液温度低于 76℃时,主阀门关闭,进行小循环。冷却液温度高于 76℃时,主阀门部分开启,系统进行混合循环,冷却液温度高于 86℃时,主阀门全部开启,副阀门关闭,系统进行大循环,如图 2.83 所示。

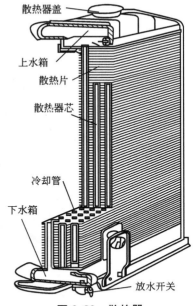

图 2.80 散热器

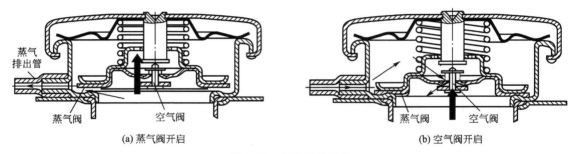

图 2.81 散热器盖结构

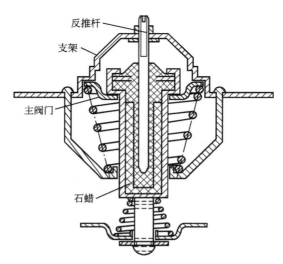

图 2.82 蜡式节温器

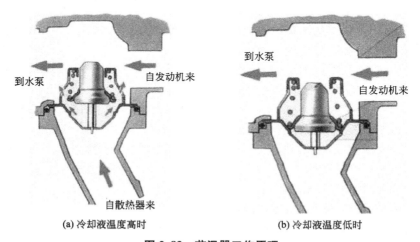

图 2.83 节温器工作原理

2.1.5 润滑系统

润滑系统的功用是给做相对运动的零件表面输送定量的清洁润滑油,以实现液体摩擦,减小摩擦阻力,减轻机件的磨损,并对零件表面进行清洗和冷却。润滑系统通常由油底壳、机油泵、集滤器、粗滤器、细滤器、机油散热器等组成,如图 2.84 所示。

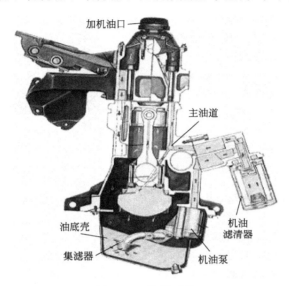

图 2.84 润滑系统

发动机润滑方式主要有飞溅润滑、压力润滑、注油润滑和自润滑四种。

飞溅润滑是利用运动零件激溅或喷溅起来的油滴、油雾润滑摩擦面,适用摩擦面露在外面、载荷轻、运动速度小的零件如气缸壁、活塞、活塞环、活塞销以及配气机构的凸轮、挺杆等零件。

压力润滑是利用机油泵使润滑油产生压力,强制送到各表面,摩擦面没有外露,载荷和运动速度大,如主轴承、连杆轴承表面。

注油润滑是定期加注润滑脂,如水泵、起动机、发电机等件的轴承。

自润滑是用自润滑轴承代替普通轴承如尼龙、二硫化钼等。

桑塔纳 2000 乘用车润滑油路如图 2.85 所示,中间轴的前轴承由滤清器出油口-油道供油,后轴承由主油道第六油道供油。

机油泵用来提高油压,强制将机油送到各机件摩擦表面,以保证发动机的良好润滑。机油泵主要类型有齿轮式机油泵、转子式机油泵和叶片式机油泵三种。

外啮合齿轮式机油泵如图 2.86 所示,其特点是结构简单,加工方便且工作可靠,使用寿命长,具有较高的供油压力,国产桑塔纳等乘用车采用。

机油滤清装置的作用是对不断循环的机油进行过滤,清除机油中的各种杂质,清洁润滑机油。机油滤清装置主要包括机油集滤器和机油滤清器。

机油集滤器一般为金属丝滤网,装在机油泵之前,串联在油路中,主要是用于防止机油中一些颗粒较大的杂质进入机油泵,如图 2.87 所示。

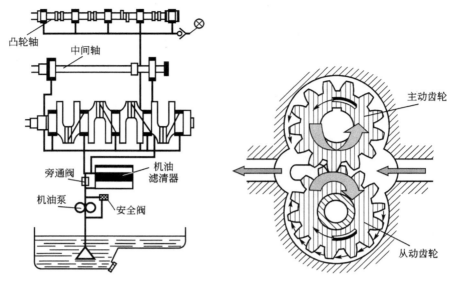

图 2.85 桑塔纳 2000 乘用车润滑油路　　图 2.86 外齿轮式机油泵

机油滤清器按照对机油滤清效果的不同可以分为粗滤器和细滤器，粗滤器可以滤去机油中粒度较大杂质，一般串联在机油泵和主油道之间。细滤器可以过滤和清除机油中细小杂质，一般与主油道并联在油路中。

机油粗滤器一般装在机油泵和主油道之间，机油全部经过滤清器过滤后流入主油道，为了防止应设旁通阀，如图 2.88 所示。马自达乘用车发动机润滑系统全流式过滤方式如图 2.89 所示。

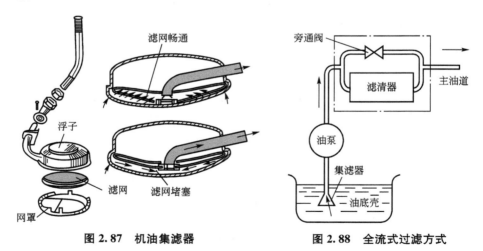

图 2.87 机油集滤器　　图 2.88 全流式过滤方式

有些发动机润滑系采用分流式过滤方式，机油泵压出的机油一部分经滤清器过滤后流回油底壳，另一部分则不经过滤清器过滤而直接流入主油道。

也有些发动机润滑系采用混合式过滤方式，机油一部分经细滤器过滤后流回油底壳，另一部分机油则经装旁通阀的粗滤器过滤后流入主油道。

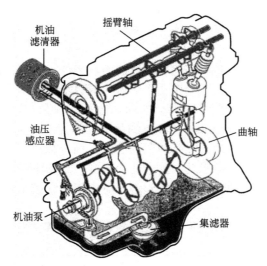

图 2.89 马自达乘用车发动机润滑系全流式过滤方式

机油散热器的作用是根据需要对机油进行散热,以确保机油温度保持在规定的范围之内。机油散热器主要类型有空气冷却式机油散热器和水冷却式机油散热器。

空气冷却式机油散热器如图 2.90 所示,它以空气为介质带走机油热量,结构一般为管片式。

水冷却式机油散热器如图 2.91 所示,它以水为冷却介质冷却机油,主要由带散热片的油管和水冷室组成。

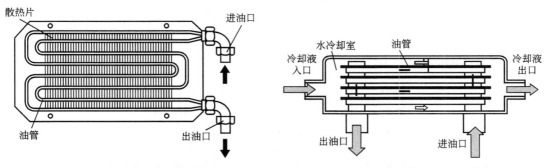

图 2.90 空气冷却式机油散热器　　　　图 2.91 水冷却式机油散热器

油底壳又称机油盘,其作用是收集和储存从机体内各机件上流回的润滑油,一般用薄钢板冲压而成,内有挡油板和放油螺塞。

油尺用来检查发动机机油量的多少,检查发动机机油量应在发动机起动之前或停止运转 5min 以后,机油液面应保持在油尺的上下限之间。

2.1.6　起动系统

起动系统要使发动机由静止状态过渡到工作状态,必须先用外力转动发动机的曲轴,使活塞做往复运动,气缸内的可燃混合气燃烧膨胀做功,推动活塞向下运动使曲轴旋转,发动机才能自行运转，工作循环才能自动进行。因此，曲轴在外力作用下开始转动到发动机开始自动地怠速运转的全过程，称为发动机的起动。完成起动过程所需的装置，称为发动机的起动系统。

发动机起动必须满足起动转矩和起动转速的要求条件。能够使曲轴旋转的最低转矩称为起动转矩，起动转矩必须克服压缩阻力和内摩擦阻力矩。起动阻力矩与发动机压缩比、温度、机油黏度等有关。能使发动机起动的曲轴最低转速称为起动转速。在 0～20 ℃ 时，汽油机的起动转速为 30～40 r/min，柴油机的起动转速为 150～300 r/min。

发动机起动方法有人力起动、电起动以及小型发动机起动三种。人力起动利用人力摇转飞轮，小功率发动机采用。电起动以蓄电池为电源，采用串激直流电动机。用汽油机起动，用于大功率柴油机的起动。压缩空气起动，将高压空气按工作顺序送入气缸推动活塞而驱动曲轴旋转。

一些汽、柴油机在冷起动时还采用辅助装置，如电热塞、进气电加热器、进气预热装置等。

一般在采用涡流室式或预燃室式燃烧室的发动机中装有电热塞。螺旋形的电阻丝一端焊于中心螺杆上，另一端焊在耐高温不锈钢制造的发热钢套底部，在钢套内装有具有一定绝缘性能、导热好、耐高温的氧化铝填充剂。各电热塞中心螺杆用导线并联，并连接到蓄电池上。在发动机起动以前，先用专用的开关接通电热塞电路，很快红热的发热钢套使气缸内空气温度升高，从而提高了压缩终了时的空气温度，使喷入气缸的柴油容易着火。

在中小功率柴油机上常采用电火焰预热器作为冷起动的辅助装置。柴油机起动时，接通预热器电路后，电热丝发热，同时加热阀体，阀体受热伸长，带动阀芯移动，使阀芯的锥形端离开进油孔。燃油流进阀体内腔受热气化，从阀体的内腔喷出，并被炽热的电热丝点燃生成火焰喷入进气管，使进气得以预热。当关闭预热开关时，电路切断，电热丝变冷，阀体冷却收缩，其锥形端又堵住进油孔而截止燃油的流入，于是火焰熄灭，预热停止。

起动机一般由直流电动机、操纵机构和离合机构组成，如图 2.92 所示。

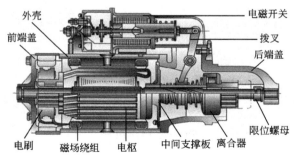

图 2.92　起动机结构

2.2　发动机工作原理

四冲程发动机在活塞行程内完成进气、压缩、做功和排气四个过程，即在一个活塞行程内只进行一个过程,因此,活塞行程可分别用四个过程命名,分别称为进气行程、压缩行程、做功行程、排气行程。

2.2.1 汽油机的工作原理

1. 进气行程

图 2.93(a)中 ra 段曲线,活塞在曲轴的带动下由上止点移至下止点。此时进气门开启,排气门关闭,曲轴转动 180°。在活塞移动过程中,气缸容积逐渐增大,气缸内形成一定的真空度,空气和汽油的混合气通过进气门被吸入气缸,并在气缸内进一步混合形成可燃混合气。由于进气系统存在阻力,进气终点气缸内气体压力小于大气压力,约为 0.07～0.09MPa。进入气缸内的可燃混合气的温度,由于进气管、气缸壁、活塞顶、气门和燃烧室壁等高温零件的加热以及与残余废气的混合而升高到 340～400K。

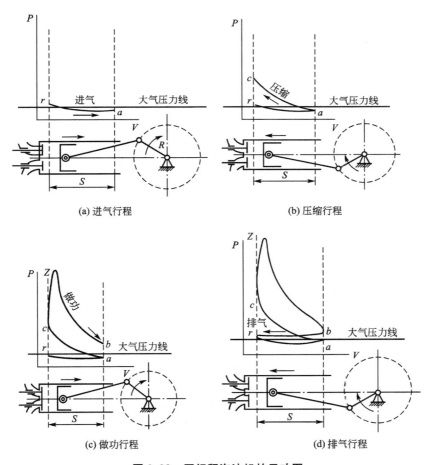

图 2.93 四行程汽油机的示功图

2. 压缩行程

压缩行程时,进、排气门同时关闭。活塞从下止点向上止点运动,曲轴转动 180°。活塞上移时，工作容积逐渐缩小，缸内混合气受压缩后压力和温度不断升高，到达压缩终点时温度达 600~750K。

3. 做功行程

当活塞接近上止点时，由火花塞点燃可燃混合气，混合气燃烧释放出大量的热能，使气缸内气体的压力和温度迅速提高，温度达 2200~2800K。高温高压的燃气推动活塞从上止点向下止点运动，并通过曲柄连杆机构对外输出机械能。随着活塞下移，气缸容积增加，气体压力和温度逐渐下降，到达 b 点时，其压力降至 300~500kPa，温度降至 1200~1500K。在做功行程，进气门、排气门均关闭，曲轴转动 180°。

4. 排气行程

排气行程时，排气门开启，进气门仍然关闭，活塞从下止点向上止点运动，曲轴转动 180°。排气门开启时，燃烧后的废气一方面在气缸内外压差作用下向缸外排出，另一方面通过活塞的排挤作用向缸外排气。由于排气系统的阻力作用，排气终点 r 点的压力稍高于大气压力，排气终点温度 T_r＝900~1100K。活塞运动到上止点时，燃烧室中仍留有一定容积的废气无法排出，这部分废气称为残余废气。

2.2.2 柴油机的工作原理

1. 进气行程

在柴油机进气行程中，被吸入气缸的只是纯净空气。由于柴油机进气系统阻力较小，残余废气的温度较低，因此进气行程结束时气缸内气体的压力较高，为 0.085~0.095MPa，如图 2.94 所示。

2. 压缩行程

因为柴油机的压缩比大，所以压缩行程终了时气体压力可高达 3~5MPa，温度可高达 750~1000K。

3. 做功行程

在压缩行程结束时，喷油泵将柴油泵入喷油器，并通过喷油器喷入燃烧室。因为喷油压力很高，喷孔直径很小，所以喷出的柴油呈细雾状。细微的油滴在炽热的空气中迅速蒸发汽化并借助于空气的运动，迅速与空气混合形成可燃混合气。由于气缸内的温度远高于柴油的自燃点，因此柴油随即自行着火燃烧。燃烧气体的压力、温度迅速升高，体积急剧膨胀。在气体压力的作用下，活塞推动连杆，连杆推动曲轴旋转做功。在做功行程中，燃烧气体的最大压力可达 6~9MPa，最高温度可达 1800~2200K。做功结束时压力为 0.2~0.5MPa，温度约为 1000~1200K。

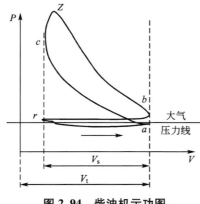

图 2.94　柴油机示功图

4. 排气行程

排气行程与汽油机类似，排气终了时气缸内残余废气压力为 0.105~0.12MPa，温度为 700~900K。

2.3 发动机性能指标及特性

发动机的性能指标主要分为指示指标、有效指标、强化指标和排放指标等。这些指标不但能够量化地反映发动机各种性能,也是影响汽车使用性能的重要因素,又是评价新品发动机和汽车质量等级的主要标准,以及鉴定在用汽车技术状况的重要参照依据。

1. 性能指标

1) 指示指标

运用热力学和发动机热循环理论分析,并经计算得出的指标,称为发动机指示指标。指示指标主要包括指示功 W_i、平均指示压力 P_{mi}、指示功率 P_i、指示热效率 η_i、指示燃油消耗率等 b_i。

(1) 指示功 W_i:一个工作循环中,气缸内工质对外所做的功,单位为 kJ。

(2) 指示功率 P_i:发动机单位时间内所做的指示功,单位为 kW。

(3) 平均指示压力 P_{mi}:每工作循环中单位气缸工作容积所发出的指示功,用单位活塞面积假设的压力来表示的值,单位为 MPa。

(4) 指示热效率 η_i:发动机实际循环的指示功与所消耗燃料的热量之比值。

(5) 指示燃油消耗率 b_i:单位时间内指示功的燃油消耗量,单位为 g/(kW·h)。

以上指标主要用于评定发动机理论循环的动力性和经济性,是设计发动机时用于设定功率和油耗率的理论基础。

2) 有效指标

在有关规定条件下,经试验检测得出的,不含循环热损失和机械摩擦损失的指标,称为有效指标。有效指标又分为动力性能指标和经济性能指标两类。发动机动力性能指标包括有效功率 P_e、有效转矩 M_e、机械效率 η_m、平均有效压力 p_{me} 等,主要用于评价发动机的动力性能。发动机经济性指标包括有效燃油消耗率 b_e(简称有效油耗率)和有效热效率 η_e 等,主要用于评价发动机的经济性能。

(1) 动力性指标。

① 有效功率 P_e:发动机通过曲轴对外输出的功率,即指示功率减去机械损失功率所剩的功率,单位为 kW。有效功率值越大,表示发动机动力性越好,能够对外输出的有效功率越大,是评定发动机动力性的主要指标。

② 机械效率 η_m:发动机有效功率与指示功率之比。机械效率 η_m 越高,表示发动机机械损耗的功率越少,能够对外输出的有效功率越大。

③ 有效转矩 M_e:发动机通过曲轴对外输出的平均转矩,单位为 N·m。有效转矩值越大,表示发动机动力性越好,是计算发动机功率的重要参数。

④ 平均有效压力 p_{me}:每工作循环中单位气缸工作容积所发出的有效功,用单位活塞面积假设的压力来表示的值,单位为 MPa。该值越大,表示发动机动力性越好。

(2) 经济性指标。

① 有效燃油消耗率 b_e：简称为有效油耗率，指单位时间内发动机每千瓦有效功率的平均燃油消耗量，单位为 g/(kW·h)。该值越小，表示发动机越省油，即经济性越好。是评定发动机经济性的主要指标。

② 有效热效率 η_e：发动机有效功 W_e 与所消耗燃油热量 Q_i 的比值。有效热效率越高，表示发动机每千焦有效功所消耗的燃油量越少。

3) 强化指标

(1) 升功率 P_L

发动机每升气缸工作容积所发出的有效功率，单位为 kW/L。一般来说，发动机排量越大，功率也越大，但由于功率还与转速、有效转矩、充气效率和压缩比等有关，因此不能呈线性比例，排量也就不能直接评定发动机功率的大小。

(2) 比质量 g_N

发动机质量与标定功率的比值，单位为 kg/kW。人们总是希望发动机的质量轻而功率大，比质量 g_N 就是用于评定这种性能的指标。

(3) 强化系数

发动机气缸平均有效压力与活塞平均速度的乘积。用于评价发动机的机械强度和强化性能。

4) 排放指标

(1) 有害气体

主要指发动机排气中一氧化碳(CO)、碳氢化合物(HC)和各种氮氧化合物(NO_x)等有害气体的含量，主要用于评定汽油机单车对空气和环境的污染程度。

(2) 排气颗粒

指发动机排出的除水以外的固态和液态微粒，如柴油机碳烟等物质，主要用于评定柴油机汽车对空气的污染程度。

(3) 噪声：主要指发动机工作或汽车行驶时排气、零件运动、振动和喇叭鸣叫等产生的噪声，单位为 dB，主要用于评价发动机或汽车响声对环境影响的程度。

2. 发动机的特性

发动机的主要性能指标随工况而变化的关系称为发动机特性。这种关系以曲线的形式表示，则称为发动机特性曲线。发动机速度特性指发动机的主要性能指标有效转矩 T_e、有效功率 P_e、燃油消耗率 b_e 随其转速变化而变化的关系。发动机速度特性包括发动机外特性和发动机部分特性，发动机外特性指节气门全开时的速度特性。发动机的外特性表示了发动机所具有的最高动力性能，如图 2.95 所示。发动机部分特性指在节气门不全开的任意位置所得到的速度特性。

发动机负荷是指发动机在某一转速发出的有效功率与相同转速下所发出的最大有效功率的比值，以百分数表示，如图 2.96 所示可知，在 a、b、c 和 d 四个工况下发动机的负荷值是不一样的，在工况 a 时发动机的负荷是零，在工况 b 时发动机的负荷是 44.4%，在工况 c 时发动机的负荷是 71.1%，在工况 d 时发动机的负荷是 100%。负荷与功率是两个不同的概念，如在工况 d 下，发动机的负荷是 100%，但这并不是发动机的最大功率。

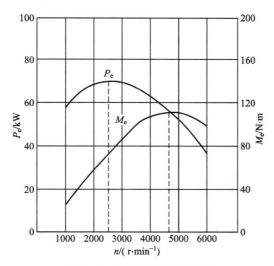

图 2.95　发动机外特性曲线

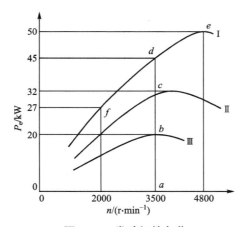

图 2.96　发动机的负荷

2.4　内燃机产品名称和型号编制规定

我国对内燃机产品名称和型号编制方法颁布了国家标准(GB/T 725—2008),该标准的主要内容如下。

(1)内燃机名称按其所采用的主要燃料命名,例如:柴油机、汽油机、煤气机。
(2)内燃机型号应反映内燃机的主要结构特征及性能,包括以下内容:
① 首部:产品特征代号,由制造厂根据需要自选相应字母表示,但需经行业标准化归口单位核准、备案。
② 中部:由缸数符号、气缸布置形式符号、冲程符号和缸径符号组成。
③ 后部:结构特征和用途特征符号,分别按上表规定。

④ 尾部：区分符号。同一系列产品因改进等原因需要区分时，由制造厂选用适当符号表示。

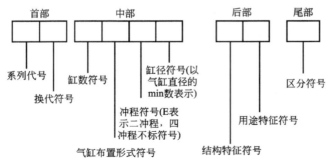

符号	含义
无符号	多缸直列及单缸卧式
V	V形
P	平卧形

气缸布置形式符号

符号	结构特征
无符号	水冷
F	风冷
N	凝气冷却
S	十字头式
D_Z	可倒转
Z	增压
Z_L	增压中冷

符号	用途
无符号	通用型及固定动力
T	拖拉机
M	摩托车
G	工程机械
Q	车用
J	铁路机车
D	发电机组
C	船用主机，右机基本型
C_Z	船用主机，左机基本型
Y	农用运输车
L	林业机械

型号编制示例：

(1) 柴油机。

① 12V135ZG：12缸、V形、四冲程、缸径135mm、水冷增压、工程机械用。

② 6E430SDzZCz：6缸、二冲程、缸径430mm、水冷、可倒转、船用主机、右机基本型。

(2) 汽油机。

① 1E65F：单缸、二冲程、缸径65mm、风冷、通用型。

② 4100Q：四缸、四冲程、缸径100mm、水冷、汽车用。

第 3 章 汽车发动机拆卸与装配

教学目标

熟练掌握发动机外部附件的拆卸步骤,熟练掌握发动机各部件的名称、作用和结构特点,掌握发动机的解体与组装工艺,掌握发动机拆装的安全操作规程。

教学要点

知识要点	能力要求	相关知识
发动机总成拆卸与装配	熟练掌握发动机外部附件的拆卸步骤和要求,掌握发动机的解体与组装工艺	发动机的技术数据、发动机拆卸和装配步骤
发动机燃油供给系统拆卸与装配,发动机进排气系统拆卸与装配、发动机机械系统拆卸与装配	掌握发动机燃油供给系统拆卸与装配步骤和要求、发动机进排气系统拆卸与装配步骤和要求、发动机机械系统拆卸与装配步骤和要求	涡轮增压器、发动机多楔带、发动机正时同步带、发动机气缸盖、活塞与连杆组等拆卸与装配
发动机装配调整与磨合	了解发动机装配调整与磨合要求	发动机冷磨合、热磨合

3.1 发动机总成拆卸与装配

一般情况下只有发动机到了大修期进行总成更换修理时，或因意外交通事故而必须更换发动机时才需要从汽车上拆卸发动机。因为使用合理、保养恰当的一些乘用车，行驶里程达 15 万公里以上不必大修发动机的事亦十分平常。

从汽车上拆卸发动机总成，一般原则是先解除发动机各总成及附配件与汽车上其他系统的电路、气路及油路的联系，并且常与变速器总成同时拆卸下来。本章以上海帕萨特 B5 乘用车发动机为例详细说明发动机拆卸与装配过程，在拆卸与装配之前应熟悉发动机各项参数数据。

3.1.1 发动机的技术数据

发动机号包括发动机标识代码及生产流水号，打印在气缸体前端面链条罩盖右侧位置的气缸体上，发机标识代码打印在发动机吊耳的左前方，同时还在整车数据铭牌上标出。此外，在发动机正时同步带护罩上的不干胶标签上也印有发动机标识代码及生产流水号。发动机的有关参数见表 3-1。发动机的螺栓或螺母的扭紧力矩见表 3-2。

表 3-1 发动机的性能参数表

项 目	参 数	项 目	参 数
排量	1.78L	爆震控制装置	有
功率/转速	93kW/5800r·min^{-1}	自诊断装置	有
扭矩/转速	162N·m/3500r·min^{-1}	λ调节	有
缸径	81mm	三元催化转换器	有
冲程	86.4mm	增压器	无
压缩比	(10.3～10.5)∶1	废气再循环系统	有
燃油标号(RON)	95 号或 93 号无铅	油底壳材料	铝
燃油喷油及点火系统	Motronic M3.8.3	进气管切换	有
		凸轮轴正时调节	有

表 3-2 发动机部分主要零部件的扭紧力矩

部 件	扭紧力矩/N·m	部 件	扭紧力矩/N·m
发动机支座与副车架	25	空调压缩机与支架	25
发动机悬置与发动机支座	25	动力转向泵与支架	25
扭矩反应器支座挡块与支座的支架	25	进气歧管与气缸盖	10
驱动盘与变矩器 M10×1	85	进气歧管支架与进气歧管与支座	20 20

(续)

部件		扭紧力矩/N·m	部件		扭紧力矩/N·m
燃油歧管与进气歧管		10	扭矩反应器支架隔套与发动机上的支座		25
冷却液管与法兰		10	扭矩反应器支架的支座与发动机		25
冷却液管与进气歧管		10	纵向支撑与扭矩反应器支座		25
气缸盖罩与气缸盖		10	纵向支撑与发动机支架		20
点火线圈与气缸盖罩		10	轴承盖与冷却液泵壳体		10
火花塞与缸盖		30	冷却液泵壳体与正时同步带护罩		10
轴承盖与气缸盖		10	发电机、叶片泵及黏液型风扇与缸体		25
传动链张紧装置与气缸盖		10			
霍尔传感器壳与缸盖		25	缸体(左侧)支柱/发电机、叶片泵及黏液型风扇的支座	与缸体	25
霍尔传感器壳体与缸盖		10		与支座	20
多楔带张紧装置与支座		25			
油底壳	与缸体 M5	10	扭矩反应器支柱/发电机、叶片泵及黏液型风扇的支座	与扭矩反应器支架	25
	与缸体 M10	45			20
凸轮轴皮带轮与凸轮轴		65		与支座	
油底壳与变速器		45			
发动机悬置与副车架		25	发电机	与支座 M8	30
发动机悬置与发动机支架		25		与支座 M10	40

3.1.2 发动机拆卸和装配

1. 发动机拆卸

拆卸发动机时要断开或切断的拉线和电线,装配发动机时必须装配在原位;将发动机与变速器分离,从前端抬下;拆下前保险杠;排空冷却液,收集在一个干净容器内,以便再次使用或处理。

(1) 查取车载收音机代码;关闭点火开关,断开蓄电池接地线;拆下发动机舱盖。

(2) 拆下油底壳护板。

(3) 拧下散热器下端的动力转向液压油冷却蛇形管路让它自由活动,注意不要打开液压油的回路。

(4) 取下散热器上的堵头,将发动机冷却液放掉。

(5) 拔下前照灯线束插头和散热器风扇区域温度传感器线束插接头。

(6) 拔掉 ABS 控制单元前的防盗报警装置、空调压缩机电磁离合器和喇叭的线束插接头。

(7) 拔下空气流量计和油箱通风电磁阀线束插接头。取下空气滤清器与节气门体之间的空气导管、空气滤清器壳体和冷却液储液罐。

(8) 拆下发动机控制单元(ECU)，拔掉 ECU 的线束插头。

(9) 拆下接地搭铁线和支架。

(10) 取下节气门拉索滑轮和支座处的节气门拉索。

(11) 用专用工具松开发动机的多楔带。

(12) 拧下制冷剂管道的固定夹，拆下空调压缩机。拧下空调压缩机多楔带张紧器的固定螺栓，拆下空调压缩机多楔带。

(13) 拆下风扇带轮。

(14) 拆下水泵带轮，取下水泵多楔带。随后取下动力转向泵带轮，把动力转向泵从支架拆下，但不拆与动力转向泵相连的管路。拆下空调压缩机但不拆卸与其相连的管路。然后拆下排气歧管与前排气歧管之间的连接螺栓，取下前排气管。拆下起动机，松开发动机悬置固定螺栓。

(15) 对于带自动变速器的汽车，从驱动盘上拆下三个固定螺母，取下液力变矩器。拆卸发动机时要注意液力变矩器不要掉下来。

(16) 用装配吊架将发动机和变速器顶起，拧下发动机和变速器下部连接螺栓。

(17) 用支撑架固定在挡泥板边缘上，把变速器挂钩挂在变速器壳体的螺栓孔内，如图 3.1 所示。

(18) 用发动机吊架吊住发动机，再用装配吊架小心提升发动机，如图 3.2 所示。注意吊钩和吊架杆必须用锁止销固定。

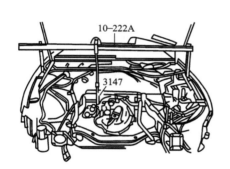

图 3.1　挂钩变速器壳体

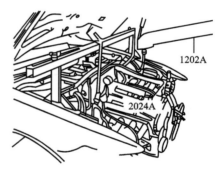

图 3.2　用吊架提升发动机

2. 发动机的装配

按与拆卸的相反顺序装配发动机，装配时要注意下列问题：

(1) 应更换密封件、衬垫、自锁螺母及有规定拧紧力矩的螺栓。

(2) 检查发动机与变速器对中定位套筒是否在发动机气缸体内。如果在，将中间板压到定位套筒上。

(3) 装配自动变速器的车型，曲轴内不得装配滚针轴承。对于带手动变速箱的汽车，要检查离合器分离轴承的磨损情况，磨损严重时要更换。装配时离合器和输入轴的在键的部分涂少许 G000 100 润滑脂。

(4) 装配自动变速器的车型，必须用规定的螺母紧固变矩器和驱动盘。装配发动机前，旋转变矩器和驱动盘，使一个孔及一个螺栓与起动机上的小孔处同一水平高度。然后，检查 ATF 油位。若已正确装配变矩器，则变矩器螺柱底部的接合面与变矩器钟形壳体上的接合面之间的距离约为 23mm，如图 3.3 所示。若变矩器未完全插入，则该距离约为 11mm，一旦将变速器连接到发动机上，将严重损坏变矩器、驱动盘或 ATF 泵。

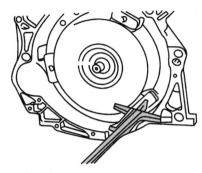

图 3.3 测量变矩器接合面与变矩器接合面距离

（5）装配原气缸盖或原气缸体时，才能重复使用放出的冷却液。

（6）连接蓄电池后，输入收音机防盗密码。用电动开关完全关闭前门电动门窗，然后沿关闭方向再次操纵所有电动门窗开关，启动单触功能，调整时钟。

（7）检查机油油位，起动发动机。

（8）匹配节气门控制单元，查询故障存储。

（9）按规定力矩拧紧螺栓，见表 3-3。

表 3-3 发动机/变速器紧固件（自动变速器）扭紧力矩

序　号	螺栓	扭紧力矩/N·m
1、8、9、10	M10×60	45
2、3、4、11	M12×67	65
5	M12×110	65
6	M12×90	65
7	M10×45	45

3.2 发动机燃油供给系统拆卸与装配

汽油箱连同附件总成如图 3.4 所示。

1. 汽油输送装置的拆卸和装配

1）汽油输送装置的拆卸

（1）点火开关切断后，拆下蓄电池接地线，拆卸下行李箱内的铺垫。

（2）拔下图 3.5 中箭头所指的 4 针插头以及进油管和回油管。

（3）用扳手拧下紧固螺母，如图 3.6 所示。

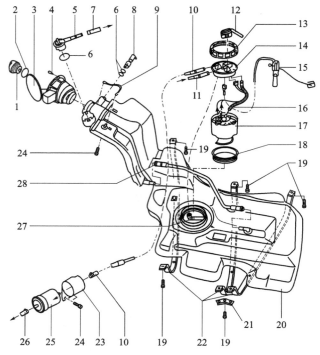

图3.4 汽油箱连同附件总成

1—密封盖；2，6，18—O形圈；3—油箱加油口盖；4—紧固螺栓；5—重力阀；7—透气管；8—透气阀；9—连接地线；10，26—进油管；11，27—回油管；12—汽油量指示器(G)和汽油泵(G6)插头（黑，4针）；13—紧固螺母(60N·m)；14—法兰；15—汽油量指示器(G)；16—输油管；17—汽油泵；19—螺栓(25N·m)；20—汽油箱；21—托架；22—夹带；23—防护套；24—螺栓(10N·m)；25—汽油滤清器；28—透气管

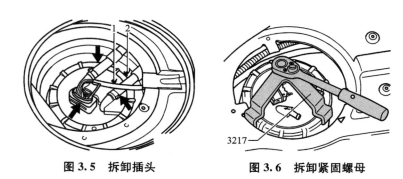

图3.5 拆卸插头　　　　图3.6 拆卸紧固螺母

（4）从汽油箱的开口处拆下法兰和O形圈，拔下法兰下部的汽油管和插头，拆下汽油箱中挡油罩汽油量指示器。

（5）用扳手逆时针方向扳动汽油泵至约15°直到被限位，拆下汽油泵，如图3.7所示。注意如果要更换输送装置，必须在更换前排空输送装置中的汽油。

2）汽油输送装置的装配

汽油输送装置的装配大体上按照拆卸相反的顺序进行。在装配时要注意以下几点：

(1) 在装配汽油量指示器时不要弯折。
(2) 装配时用汽油浸润法兰的密封圈。
(3) 注意汽油软管的固定必须牢靠。
(4) 不要装错进油管和回油管(回油管是蓝色的)。
(5) 汽油软管的固定要用弹簧卡箍。
(6) 注意汽油箱盖法兰的装配位置是否正确。
(7) 装配好汽油箱盖的法兰之后还要检查进油管、回油管和透气管是否还在汽油箱盖上固定良好。

2. 油门操纵机构的拆卸与装配

油门操纵机构的拆卸与装配如图3.8所示。
关于油门操纵机构拆卸与装配的几点说明：
① 节气门拉索固定的拆卸和装配。

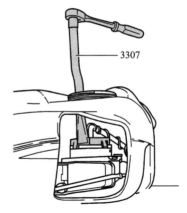

图 3.7 拆卸汽油泵

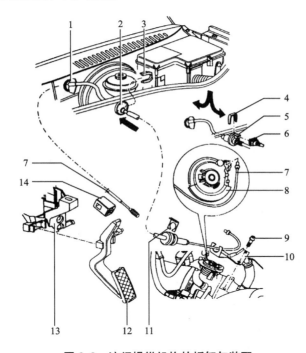

图 3.8 油门操纵机构的拆卸与装配

1,2—节气门拉索固定；3—保持夹(仅适用手动变速器汽车)；4—保持夹(仅适用自动变速器汽车)；5—换低速挡自动跳合开关(F8)；6—插头(黑,2针)；7—节气门拉索；8—拉索滑轮；9—螺栓(10N·m)；10—节气门拉索支座；11—插片；12—油门踏板；13—踏板支座；14—油门踏板限位

拆卸时将节气门拉索固定顺时针转动90°，并从水槽下车厢前围板上拆下来。装配时将节气门拉索穿过水槽下车厢前围板，如图3.9中箭头1所示，在车厢前围壁上装配节气门拉索的固定，并旋转约90°，如图3.9中箭头2所示。
② 检查油门踏板挡块在踏板支座上的装配。

在手动变速箱汽车上，处于装配好的状态下能够看到 1 处的"HS"字样；在自动变速箱汽车上，处于装配好的状态下能够看到 2 处的"AG"字样，如图 3.10 所示。

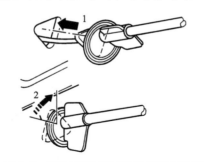

图 3.9 节气门拉索固定的拆卸与装配

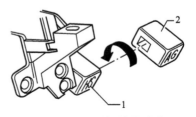

图 3.10 油门踏板挡块的装配

3. 汽油蒸发排放控制系统拆卸与装配

汽油蒸发排放控制系统部件的拆卸与装配如图 3.11 所示。

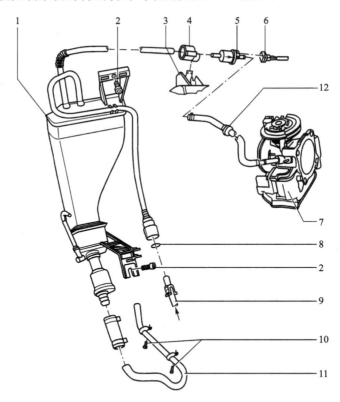

图 3.11 汽油蒸发排放控制系统的拆卸与装配

1—活性炭过滤器；2—螺栓(10N·m)；3—空气滤清器壳体；4—电磁阀 1 防护罩；
5—电磁阀 1(N80)；6—电磁阀 1 插头(黑色，2 针)；7—节气门控制装置；
8—O 形圈；9—透气导管；10—紧固螺栓；11—透气软管；12—止回阀

3.3 发动机进排气系统拆卸与装配

3.3.1 涡轮增压系统部件的拆卸与装配

1. 涡轮增压器的结构

现代许多发动机装有涡轮增压器的进气系统，进气压力控制系统连接如图 3.12 所示。

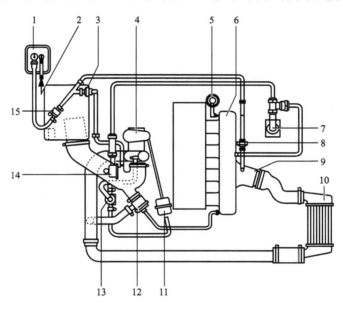

图 3.12　进气压力控制系统连接图

1—活性炭滤清器；2—来自油箱的通风管；3—ACF 单向阀；4—涡轮增压器；5—燃油压力调节器；
6—进气歧管；7—曲轴箱通风管；8—ACF 单向阀；9—节气门控制单元 J338；10—进气冷却器；
11—进气压力调节阀压力单元；12—空气再循环阀；13—进气压力控制电磁阀(N75)；
14—曲轴箱通风压力调节阀；15—ACF 电磁阀 1(N80)

涡轮增压器拆卸后组装时，必须更换所有衬垫及密封件。涡轮增压器的结构与拆卸与装配方法如图 3.13 和图 3.14 所示。

2. 涡轮增压器的拆卸

(1) 如图 3.15 所示，拆卸涡轮增压器支架 2，拧下涡轮增压器处的机油回油管 1 的螺栓，将回油管移向后侧，拧下高压管管接螺栓 3，脱开涡轮增压器处的空气软管 4 与 5。拧下进气压力调节阀压力单元侧的冷却液管支架紧固螺栓。用软管夹钳松开冷却液管卡箍。拆卸前挡泥板与空气滤清器壳体间的进气软管。

(2) 按图 3.16 所示的数字顺序断开线路，拔出插头。

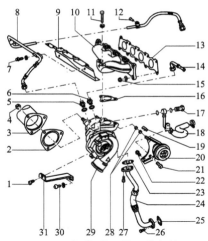

图 3.13 涡轮增压器系统部件 Ⅰ

1—组合螺栓(40N·m)；2—衬垫；3—前排气管 4—螺母(30N·m)；5—螺母(30N·m)；6—螺母(35N·m)；7—螺栓(20N·m)；8—机油进油管(管接螺母25N·m)；9—隔热罩；10—排气歧管；11—螺栓(35N·m)；12—螺栓(10N·m)；13—衬垫；14—冷却液回流管(管接螺母30N·m)；15—螺母(25N·m)；16—衬垫；17—管接螺母(25N·m)；18—冷却液供液软管/管路；19—紧固卡箍；20—进气压力调节阀压力单元；21—螺栓(10N·m)；22—螺栓(10N·m)；23—衬垫；24—机油回油管；25—衬垫；26—螺栓(10N·m)；27—螺栓(10N·m)；28—螺母(10N·m，装配时涂 D 000 600)；29—涡轮增压器；30—螺栓(45N·m)；31—支架

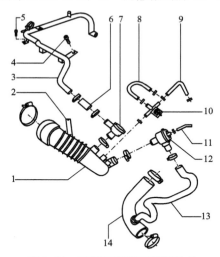

图 3.14 涡轮增压器系统部件 Ⅱ

1—进气软管(通向涡轮增压器)；2—通向 ACF 阀软管；3—通向曲轴箱通风装置管路；4、5—自攻螺钉(10N·m)；6—通向曲轴箱通风管软管；7—曲轴箱通风装置压力调节阀；8—通向涡轮增压器软管；9—通向进气压力调节阀的压力单元软管；10—进气压力控制功能电磁阀(N75)；11—通向进气歧管真空软管；12—空气再循环阀；13—通向空气再循环阀软管；14—通向涡轮增压器软管

(3) 拔出软管接头，拆下空气滤清器壳体。

(4) 如图 3.17 拆下气缸盖罩及隔热罩处的曲轴箱通风管 1，拧下机油进油管处的两个螺栓 3，拆下隔热罩 4，拆卸冷却液回流软管上的套管 2，用软管夹钳松开冷却液回流软管

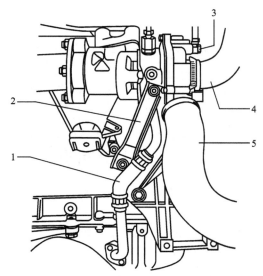

图 3.15 拆卸涡轮增压器附件

1—机油回油管；2—增压器支架；3—高压管管接螺栓；4、5—空气软管

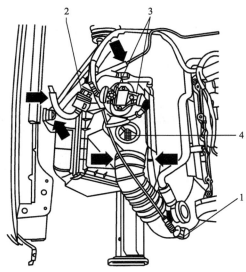

图 3.16 断开线路和插头

1—进气压力控制电磁阀(N75处)；2—ACF阀处；3—输出极(N122处)；4—空气流量计处

卡箍，从通向涡轮增压器的管子上拔下冷却液回流软管，但管子仍连在增压器上，拧下涡轮增压器侧的机油进油管 7。切勿使前排气管侧的柔性管接头的弯折角超过 10°，从涡轮增压器上拧下催化转化器紧固螺母 6。从排气歧管上拧下涡轮增压器紧固螺栓 5。

（5）将涡轮增压器转向一侧，拧下冷却液管管接螺栓。拆下涡轮增压器。

3. 涡轮增压器的装配

涡轮增压器的装配按与拆卸的相反顺序进行。但要注意拧紧涡轮增压器紧固螺栓前，须将冷却液供液管松松地连到进气压力调节阀压力单元侧的支架上，拧紧管接螺栓，然后

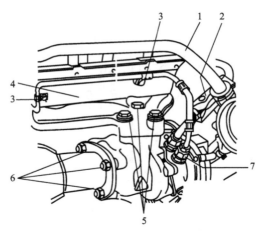

图 3.17 拆卸曲轴箱通风管

1—曲轴箱通风管；2—套管；3—螺栓；4—隔热罩；
5—涡轮增压器紧固螺栓；6—催化转化器紧固螺栓；7—机油进油管

将支架上的紧固螺栓拧紧至规定力矩。

通过机油进油接头向涡轮增压器内加注发动机机油并检查机油油位。装配涡轮增压器后，发动机应怠速运转约 1min，切勿马上提高转速，确保增压器正常润滑。最后检查机油油位。

进气系统部件的有关零件的拧紧力矩见表 3-4。

表 3-4 进气系统部件拧紧力矩 （N·m）

部　件	拧紧力矩	部　件	拧紧力矩
机油回油管与油底壳	10	机油进油管与增压器	25
机油回油管与增压器	10	冷却液供液管支架与增压器	10
增压器支架与增压器（M8 组合螺栓）	40	冷却液回流管与增压器	30
增压器支架与气缸体	45	增压器与排气歧管催化转换器与增压器	35 30

3.3.2　进气冷却系统部件拆卸与装配

进气冷却系统部件的结构及拆卸与装配方法如图 3.18 所示。

从中冷器上脱开空气导管，拔下顶部空气软管，拆下底部空气软管，从车下拆下中冷器。

3.3.3　排气系统部件拆卸与装配

对排气系统进行作业后，须确保系统处于无应力状态，并与车身之间有足够间隙。排气管前的连接件只能适度弯曲，其弯折角不得超过 10°。装配时必须更换密封件、衬垫、自锁螺母及卡夹。

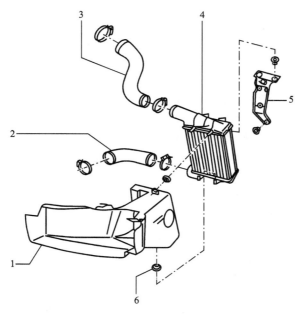

图 3.18 进气冷却系统部件

1—空气导管；2—进气冷却器(中冷器)与空气导管间软管
3—进气歧管与中冷器间软管；4—中冷器；5—支架；6—橡胶护圈

1. 前轮驱动车型排气系统的拆卸与装配

前轮驱动车型的排气系统结构与拆卸与装配方法如图 3.19 所示。

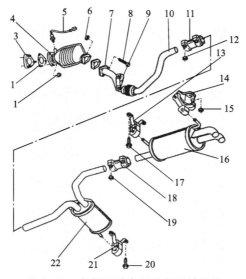

图 3.19 前轮驱动车型排气系统结构

1—螺母(30N·m)；2，7—衬垫；3—涡轮增压器；4—催化转化器；5—λ探测器(50N·m)；
6，15—螺母(25N·m)；8，17，20—螺栓(25N·m)；9，13，14，21—悬挂；10—前排气管；
11—卡夹；12，19—螺母(40N·m)；16—后消声器；18—前后消声器卡夹；22—前消声器

2. 排气歧管拆卸与装配

1) 排气歧管的拆卸

(1) 拔下软管，拆下空气滤清器壳体，如图 3.20 所示。

(2) 拆卸隔音罩。

(3) 拆下气缸盖罩及隔热罩处的曲轴箱通风管，拧下两个机油进油管紧固螺栓，拆下隔热罩，拧下螺栓。

(4) 如图 3.21 所示，拆下涡轮增压器与排气歧管之间的衬垫。用干净布堵住涡轮增压器的孔口；拧下排气歧管上的所有螺母；拆下垫圈及排气歧管。

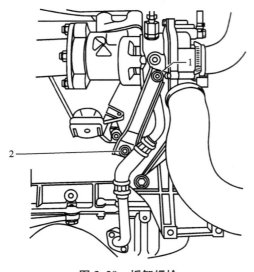
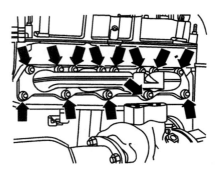

图 3.20　拆卸螺栓　　　　　　图 3.21　拆卸排气歧管螺母
1、2—螺栓

2) 排气歧管的装配

排气歧管的装配按拆卸的相反顺序进行。相关的零部件的拧紧力矩见表 3-5。

表 3-5　排气系统拧紧力矩　　　　　　　　　　　　　　（N·m）

部　件	拧紧力矩
增压器支架与增压器(M8 组合螺栓)	40
增压器支架与气缸体	45
增压器与排气歧管	35
排气歧管与气缸盖	25
前排气管与催化转化器	25
催化转化器与增压器	30
氧传感器与前排气管	50

3. 催化转化器拆卸与装配

1) 催化转化器的拆卸

如图 3.22 所示,拔下氧传感器插头,并将导线挪向一边。拆卸前挡泥板与空气滤清器壳体间的空气软管。依次断开进气压力控制电磁阀、ACF 阀、空气流量计处的线路,拔下插头。拔下软管,拆下空气滤清器壳体。从催化转化器上拧下氧传感器,拧下前排气管与催化转化器的紧固螺栓。拧下催化转化器与涡轮增压器的紧固螺栓,拆下催化转化器。

2) 催化转化器的装配

催化转化器的装配按与拆卸相反的顺序进行装配。

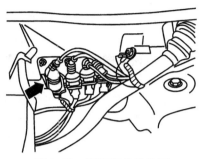

图 3.22 拆卸催化转化器

3.4 发动机机械系统拆卸与装配

3.4.1 发动机附件的拆卸与装配

1. 多楔带的拆卸与装配

发动机多楔带的布置如图 3.23 所示。

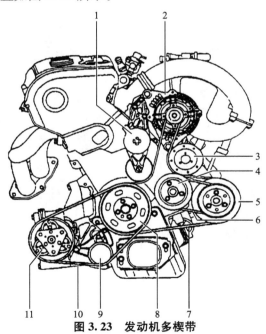

图 3.23 发动机多楔带

1—多楔带张紧轮;2—发电机;3—黏液型风扇;4—水泵;5—动力转向泵;6—水泵皮带;
7—发电机多楔带;8—扭转减振器;9—空调多楔带张紧轮;10—空调压缩机多楔带;11—空调压缩机

1)拆卸

拆卸多楔带前,须用粉笔标出旋转方向。如果皮带沿错误方向旋转,可能导致皮带断裂。装配时,应确保皮带正确坐落在皮带轮槽内。

(1)按发动机拆卸的步骤将发动机从汽车上拆卸下来。

(2)松开空调压缩机多楔带张紧轮紧固螺栓,松开皮带并拆下。

(3)放松多楔带,转动张紧装置,拆下多楔带,放开张紧装置。

2)装配

在装配多楔带时,应注意皮带轮的正确位置。

(1)在皮带轮上套装动力转向泵、发电机和黏液型风扇多楔带。

(2)在皮带轮上套装水泵和动力转向泵皮带。

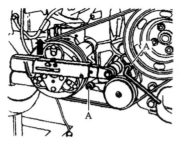

图 3.24 拧紧张紧轮紧固螺栓

(3)用25N·m的拧紧力矩拧紧皮带轮。

(4)将多楔带套装在黏液型风扇上,并用45N·m的拧紧力矩固定黏液型风扇。

(5)套装空调压缩机多楔带。如图3.24所示,将扭力扳手装在张紧轮紧固螺栓上,以25N·m力矩拧紧。同时,以20N·m的力矩拧紧螺栓A。

2.正时同步带的拆卸

发动机正时同步带的布置如图3.25所示。

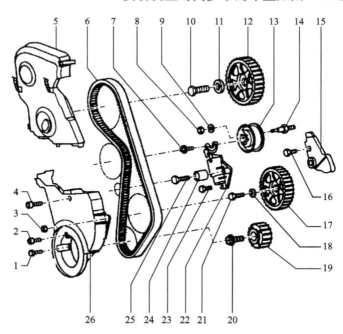

图 3.25 发动机正时同步带

1、2、3、8、23—螺栓(10N·m);4、16—螺栓(10N·m);5—正时同步带上护罩;6—正时同步带;7、10、25—螺栓(25N·m);9、11、18—垫圈;12—凸轮轴正时同步带轮;13—张紧轮;14—定位螺栓(25N·m);15—正时同步带手护罩;17—中间轴正时同步带轮;19—曲轴正时同步带轮;20—螺栓(90N·m+1/4圈);21—螺栓;22—正时同步带张紧装置;24—惰轮;26—正时同步带下护罩

1）拆卸

拆卸正时同步带前，须用粉笔标出旋转方向，如果装配错误，可能导致皮带断裂。

（1）拆下多楔带。

（2）拆下正时同步带护罩，标记正时同步带旋转方向。

（3）将发动机旋转到一缸上止点位置，如图3.26所示。

（4）卸下扭转减振器，如图3.27所示。

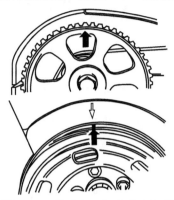

图3.26　发动机一缸上止点记号　　　图3.27　拆卸扭转减振器

（5）拆下正时同步带护罩，如图3.28所示。

（6）用专用工具按图3.29箭头方向松开正时同步带张紧轮，然后向下压正时同步带张紧轮，取出正时同步带。

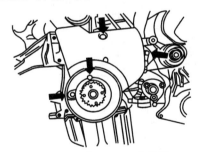 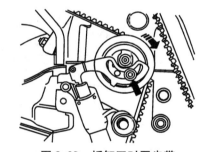

图3.28　拆卸正时同步带护罩　　　图3.29　拆卸正时同步带

2）装配（调整配气正时）

无论发动机处于冷态还是暖态，均可进行配气正时调整。旋转凸轮轴时不允许活塞处于上止点位置，否则有可能损坏气门或活塞。

（1）使凸轮轴正时同步带轮上的标记与缸盖护板或正时同步带护罩上的标记对齐。

（2）将正时同步带套装到曲轴正时同步带轮上。

（3）装配正时同步带下护罩。

（4）用螺栓拧紧扭转减振器及带轮。

（5）旋转曲轴，使发动机处于第一缸上止点位置，如图3.30所示。

（6）用双孔螺母扳手B向右旋转正时同步带张紧器直到柱塞1完全弹出，张紧器柱塞2提升大约1mm，如图3.31所示，再用扳手将紧固螺栓3拧紧。

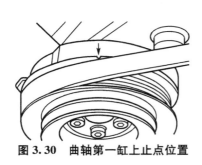
图3.30 曲轴第一缸上止点位置

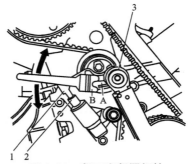
图3.31 紧固张紧器螺栓
1—柱塞；2—张紧器柱塞；3—螺栓；
A—张紧器臂；B—扳手

（7）将发动机按运转方向转两圈，直到凸轮轴正时同步带轮再对准上止点标记。

3. 发动机机体附件分解

发动机机体附件的分解图如图3.32所示。

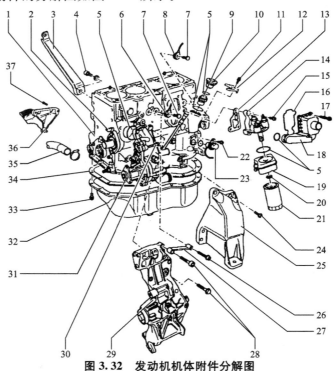

图3.32 发动机机体附件分解图

1—缸体；2—半圆键；3—支承；4—螺栓(30N·m)；5—O形圈；6—爆震传感器1(G61)；7，33—螺栓(20N·m)；8—爆燃传感器2(G66)；9—驱动齿轮；10—密封盖；11，15，17，24，26—螺栓(25N·m)；12—压板；13—机滤支架密封垫；14—机油滤清器支架；16—成型密封圈；18—曲轴箱通风；19—机油冷却器；20—螺母(25N·m)；21—机油滤清器；22—螺栓(10N·m)；23—发动机转速传感器；25—发动机左支架；27—支柱；28，37—螺栓(30N·m)；29—组合支架；30—T形头螺钉；31—水泵；32—油底壳；34—油封；35—冷却液软管；36—右发动机支架；37—螺栓(30N·m)

3.4.2 气缸盖的拆卸与装配

气缸盖的结构如图 3.33 所示。进行气缸盖的拆卸与装配时，必须更换相关的密封件、衬垫、自锁螺母及有规定拧紧力矩的螺栓。装配带有凸轮轴的缸盖时，必须用机油润滑挺杆与凸轮的接触面。气缸塑料保护套必须在装配气门前才可拆掉。

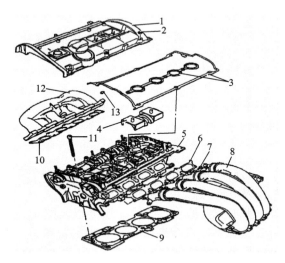

图 3.33 气缸盖零件分解图

1—气缸盖罩；2—螺母(10N·m)；3—气缸盖罩衬垫；4—挡油罩；5—气缸盖；6—进气歧管密封垫；
7—螺栓(25N·m)；8—进气歧管；9—气缸盖衬垫；10—排气歧管密封垫；11—气缸盖螺栓；
12—排气歧管；13—螺母(25N·m)

1. 进气歧管的拆卸与装配

1) 进气歧管的拆卸

(1) 拆卸冷却液膨胀箱及软管。

(2) 拆开节气门控制单元处及支架的节气门拉索，拆开节气门控制单元处的空气软管，断开通向活性炭罐的真空管，拉出通向制动助力器的真空管。

(3) 拆下进气温度传感器及节气门控制单元插头，再从霍尔传感器上拉出插头。

(4) 拆下燃油歧管紧固螺栓，将真空管拉离燃油压力调节器。将带喷油器的燃油歧管从进气歧管上拆下，并置于发动机舱后面的干净布上。

(5) 从上部冷却液管上拆下冷却液软管，从气缸盖后侧的进气歧管及冷却液管法兰拆下下部冷却液管紧固螺栓。

(6) 拆开进气歧管处的曲轴箱通风软管，拆卸进气歧管支架，拔出机油标尺，拧开法兰处进气歧管紧固螺栓，折下进气歧管。用干净布堵住气缸盖上的进气口。

2) 进气歧管的装配

更换衬垫及密封件，按与拆卸相反顺序装配进气歧管。装配时要注意调整节气门拉索。

2. 气缸盖罩的拆卸与装配

1）气缸盖罩的拆卸

（1）拆卸发动机舱盖。

（2）拧开隔热罩及气缸盖罩处的曲轴箱通风管紧固螺栓，将曲轴箱通风管轻轻移向一侧。

（3）拆卸正时同步带上护罩。

（4）拔下点火线圈插头，断开接地线，拧下点火线圈紧固螺栓。

（5）拧下气缸盖罩螺母，拆下气缸盖罩。

2）气缸盖罩的装配

按与拆卸相反的顺序进行。气缸盖衬垫损坏，应更换。

3. 气缸盖的拆卸与装配

1）气缸盖的拆卸

（1）拔下燃油分配管上的输油管和回油管，拆卸进气歧管的排气歧管。

（2）按顺序拆下活性炭罐电磁阀及空气质量计的插头。

（3）拔出软管的接头，拆下空气滤清器壳体。拔下点火线圈上的插头，拔下冷却液温度传感器上的插头。从缸盖上打开所有线路的卡箍，将电线置于一边。

（4）拔出通向气缸盖后侧热交换器的冷却液软管。拆卸正时同步带上护罩。通过曲轴正时同步带轮上的中心螺栓，沿发动机旋转方向盘动曲轴，将曲轴调至一缸上止点位置。

（5）用扳手松开正时齿带张紧装置，向下压正时同步带张紧装置，从凸轮轴正时同步带轮上拆下正时同步带。

（6）拆卸气缸盖罩。

（7）按图3.34所示的顺序拧下气缸盖螺栓，拆下气缸盖。

2）气缸盖的装配

装配气缸盖时，必须更换缸盖螺栓、密封件、衬垫、自锁螺母及有规定拧紧力矩的螺栓。若经过修理，须仔细清除掉残留在缸体及缸盖上的衬垫，确保表面无划痕或擦伤。仔细清除掉残余研磨材料、金属粒屑和布片，气缸垫必须小心轻放。气缸体上的缸盖螺栓盲孔内不得有残留机油或冷却液。

（1）装配气缸盖前，必须将曲轴和凸轮轴转到1缸上止点位置。将气缸垫安放就位，注意缸体定位销位置，如图3.35中箭头所示。

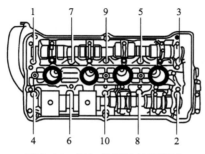

图3.34 气缸盖螺栓拧下顺序

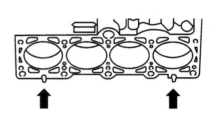

图3.35 气缸体定位销

(2) 将气缸盖安放就位,插入气缸盖螺栓,用手拧紧。按如图3.36的顺序,分两步拧紧气缸盖螺栓,第一次为60N·m;第二次用扳手再拧1/2圈。

(3) 装配正时同步带需调整配气正时。装配气缸盖罩、多楔带及张紧装置。

3.4.3 配气机构的拆卸与装配

配气机构的结构如图3.37所示。气门不可修整,仅能研磨。

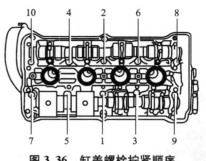

图3.36 缸盖螺栓拧紧顺序

拆卸与装配配气机构后,应慢慢将曲轴转动2圈,保证起动发动机时不接触活塞。装配新液压挺杆后,30min后方可起动发动机,气门补偿元件就位,否则气门将碰触活塞。

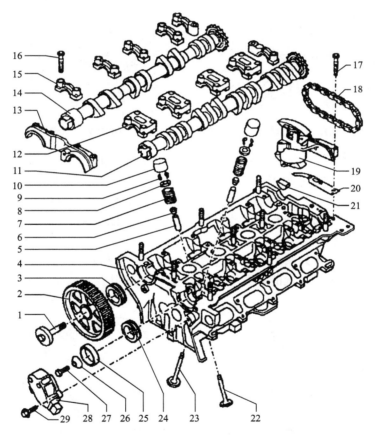

图3.37 配气机构零件分解图

1—螺栓(65N·m);2—凸轮轴正时皮带轮;3、24—油封;4—气缸盖;5—气门导管;6—气门杆油封;7—气门弹簧;8—气门弹簧座;9—气门锁块;10—液压挺杆;11—进气凸轮轴;12—进气凸轮轴轴承盖;13—双列轴承盖;14—排气凸轮轴;15—排气凸轮轴轴承盖;16、17、20、29—螺栓(10N·m);18—传动链;19—金属/橡胶衬垫;21—密封堵塞;22—排气门(内注钠);23—进气门;25—霍尔传感器转子;26—垫圈;27—螺栓(25N·m);28—霍尔传感器(G40)

1. 液压挺杆的拆卸与装配

1）液压挺杆的拆卸

(1) 拆下多楔带及张紧装置、再拆下正时同步带上护罩。

(2) 沿曲轴旋转方向通过曲轴带轮中心螺栓将曲轴盘至1缸上止点标记处。拆卸气缸盖罩，松开张紧装置，从凸轮轴带轮上拆下正时同步带。

(3) 用专用工具松开凸轮轴链轮，拉出凸轮轴链轮。拆卸霍尔传感器壳体，从霍尔传感器上拆下转子。用传动链张紧器的定位器固定住液压传动链张紧装置，如图3.38所示。注意定位器不要拧得过紧，否则可能损坏液压传动链张紧装置。

(4) 清洗面对轴承盖链条及凸轮轴链轮，标出装配位置，如图3.39所示。

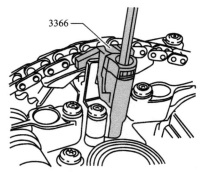
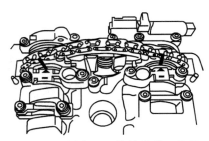

图3.38 固定液压传动链张紧装置　　图3.39 链条及凸轮轴的装配位置

(5) 首先拆卸进、排气凸轮轴的第3和第5道轴承盖，如图3.40所示，再拆卸双列轴承盖。然后拆卸相邻进、排气凸轮轴链轮的两个轴承盖，拧下液压传动链张紧装置紧固螺栓。分几步按对角线方向拆下进排气凸轮轴的第2和第4道轴承盖紧固螺栓，然后拆下轴承盖。

(6) 拆下进、排气凸轮轴及传动链张紧装置，取出液压挺杆。

2）液压挺杆的装配

(1) 按标记将链条装到两凸轮轴上，两箭头间的距离为16个链辊。

(2) 更换传动链张紧装置的橡胶和金属衬垫，并在阴影区域涂上一层薄薄的密封剂，如图3.41所示。

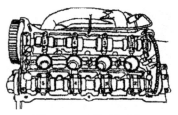
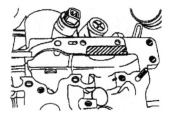

图3.40 拆卸轴承盖　　图3.41 更换传动链张紧装置橡胶和金属衬垫

(3) 将传动链张紧装置插入链条，用机油润滑两凸轮轴的工作面，将凸轮轴连带链条及张紧装置一起装到缸盖上，拧紧张紧装置的连接件。分几步按对角线方向拧紧进、排气凸轮轴的第2和第4道轴承盖。装配相邻进、排气凸轮轴链轮的两个轴承盖。

(4) 检查凸轮轴位置是否正确，然后拧紧轴承盖。拆卸链条张紧器的定位器。在双列轴承盖阴影区域涂上一层薄薄的密封剂，然后装上轴承盖。装配剩余轴承盖，装配新的进排气凸轮轴油封，装配凸轮轴正时同步带轮。检查装配位置，凸轮轴正时同步带轮的窄幅板朝外，如图 3.42 箭头所示，须可见 1 缸上止点标记。装配凸轮轴正时同步带轮紧固螺栓。

(5) 将霍尔传感器转子的凸起卡入进气凸轮轴的豁口，装上垫圈，装配霍尔传感器壳体。装配气缸盖罩，将凸轮轴皮带轮上的标记对准气缸盖上的标记，将扭转减振器上的标记对准正时同步带护罩的标记。转动凸轮轴时曲轴不得处于上止点，否则气门可能碰撞活塞，导致损坏。

2. 气门杆油封的拆卸与装配

1) 气门杆油封的拆卸

(1) 拆卸凸轮轴和液压挺杆，并将其面朝下存放，操作时须注意挺杆不可互换。用火花塞扳手拆卸火花塞，将相应气缸的活塞调至上止点，将压力软管拧入火花塞螺纹孔内。

(2) 用螺栓将弹簧压缩工具装到缸盖上，如图 3.43 所示。将相关气门调至正确位置，再将压力软管连接到空压机上，空气压力至少 600kPa。用螺纹芯棒及止推件向下压气门弹簧，拆下弹簧。

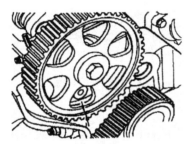

图 3.42 检查凸轮轴正时同步带轮

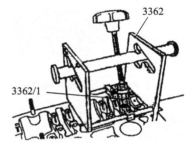

图 3.43 拆卸气门弹簧

(3) 可轻敲气门弹簧座拆下气门锁块。用工具拉出气门杆油封，如图 3.44 所示。

2) 气门杆油封的装配

将塑料套 A 装到气门杆上，如图 3.45 所示，以防损坏新的气门杆油封。在油封唇口轻涂一层机油。如图 3.45 所示将油封 B 装到工具上，然后慢慢推到气门导管上。

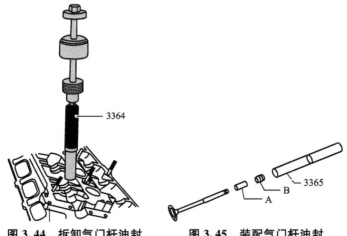

图 3.44 拆卸气门杆油封　　　图 3.45 装配气门杆油封

特别提醒：装配进、排气门前，须在气门杆上涂一层机油。

3. 气门导管的拆卸与装配

1）气门导管的拆卸

首先检查气门座镶圈及气缸盖密封面是否可修整，若不能修整，则不应更换气门导管。

如图3.46所示，将缸盖螺栓定位销A插入支承板孔2和孔3内，按气门角度，外侧进气门：21.5°；中间进气门：15°；排气门：20°，将销子B插入孔内。

如图3.47所示，用冲头压出磨损的气门导管：带台肩气门导管从凸轮轴侧压出；不带台肩气门导管从燃烧室侧压出。

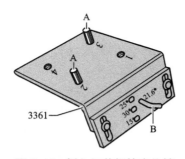

图3.46 插入缸盖螺栓定位销

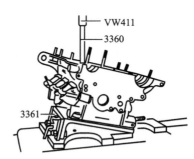

图3.47 拆卸气门导管

2）气门导管的装配

在新导管上涂一层机油，用冲头将其从凸轮轴侧压入冷态缸盖内直至台肩接触。导管台肩接触时的压力不得超过10kN，否则台肩将会破裂。

4. 凸轮轴油封的拆卸与装配

1）凸轮轴正时同步带轮上油封的拆卸

（1）拆下霍尔传感器上的密封圈，拆下齿形皮带上防护罩。转动曲轴将曲轴正时同步带轮转到一缸上止点，拆下气缸盖罩。

（2）旋松张紧轮并从凸轮轴正时同步带轮上拆下齿形皮带，然后将曲轴往回转动少许。

（3）用保持架将凸轮轴正时同步带轮固定住，旋松凸轮轴正时同步带轮上的螺栓，拆下凸轮轴正时同步带轮。

（4）将凸轮轴正时同步带轮紧固螺栓用手拧入凸轮轴中，对油封拉出器起导向作用，如图3.48所示。

（5）在油封拉出器的螺纹头上涂润滑油并尽可能深地拧入油封内，松开滚花螺丝，将内件对着凸轮轴转动直到拉出油封，如图3.49所示。

2）凸轮轴正时同步带轮上油封的装配

（1）在油封的密封唇边口上涂少许润滑油，将导向套筒套在凸轮轴轴颈上，如图3.50所示。

（2）把油封套到导向套筒上。

（3）用力压套筒和螺栓将油封压到底，如图3.51所示。

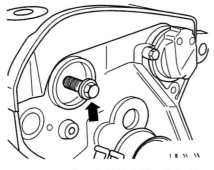
图 3.48 装入油封拉出器导向螺栓

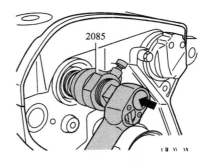
图 3.49 拉出凸轮轴油封

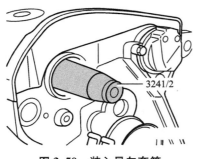
图 3.50 装入导向套筒

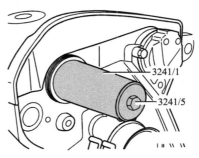
图 3.51 装入凸轮轴油封

（4）接下来的装配顺序大体上按照拆卸的相反顺序进行。

5．凸轮轴的拆卸和装配

1）凸轮轴的拆卸

（1）转动曲轴使凸轮轴正时同步带位于第 1 缸的上止点位置，拆下气缸盖罩，旋松张紧轮取下凸轮轴正时同步带轮上的正时同步带，将曲轴回转少许。

（2）用保持架固定住凸轮轴正时同步带轮，旋松其螺栓，拆下凸轮轴正时同步带轮。

（3）从凸轮轴上拆下半圆键，拆下霍尔传感器的本体及垫片和挡圈。

（4）清洁轴承盖上两个箭头对着的凸轮轴驱动链条和链轮，并用颜色标记出装配位置。注意链条不能用冲小点、刻槽或其他类似的方法来做标记。

（5）将链条张紧器夹持架固定住凸轮轴正时调节器和链条张紧器，如图 3.52 所示。注意不要过度张紧，以免损坏凸轮轴正时调节器。

（6）首先拆下进气凸轮轴和排气凸轮轴的轴承盖 3 和 5，再拆下双轴承盖，最后拆下进气凸轮轴和排气凸轮轴链轮侧的两个轴承盖，如图 3.53 所示。

（7）拧下凸轮轴正时调节器以及链条张紧器的固定螺栓。

（8）对角交替旋松进气凸轮轴和排气凸轮轴的轴承盖 2 和 4 并且拆下。

（9）连同凸轮轴正时调节器和链条张紧器及链条张紧器夹持架一起，拆下进气凸轮轴和排气凸轮轴。

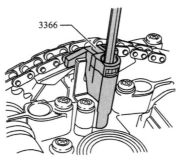

图 3.52 固定凸轮轴正时调节器

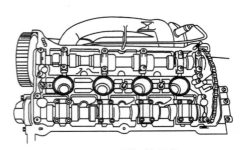

图 3.53 拆卸轴承盖

2) 凸轮轴的装配

在装配凸轮轴时,第 1 缸的凸轮轴必须朝上,装配轴承盖时从气缸进气侧应能看到轴承盖上的标记。

(1) 装配颜色标记所对应的驱动链条到两个相应的凸轮轴上。

(2) 更换凸轮轴正调节器和链条张紧器的橡胶并用密封胶轻轻涂抹有阴影线的表面,如图 3.54 所示。

(3) 装配驱动链条之间的凸轮轴正时调节器和链条张紧器。

(4) 在凸轮轴的运动面注油,将带驱动链条和凸轮轴正时调节器以及链条张紧器的凸轮轴装入气缸盖。拧紧凸轮轴正时调节器和链条张紧器到 10N·m。

(5) 装上进气凸轮轴和排气凸轮轴轴承盖 2 和 4 并且交替以 10N·m 的力矩拧紧。

(6) 装配进气凸轮轴和排气凸轮轴链轮一侧的轴承盖。检查凸轮轴正确的位置,并以 10N·m 的力矩拧紧轴承盖,如图 3.55 所示。

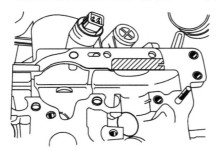

图 3.54 更换金属密封胶

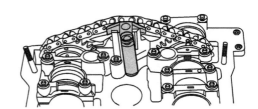

图 3.55 装配轴承盖

图 3.56 轴承盖涂抹密封胶

(7) 拆下链条张紧器夹持架。

(8) 用密封胶轻轻涂抹双轴承盖中有阴影的表面,如图 3.56 所示。装配轴承盖,并以 10N·m 扭矩旋紧。以同样的方式装配其余的轴承盖。

(9) 检查凸轮轴彼此之间的位置。接下来的装配大体上按照拆卸相反的顺序进行。

3.4.4 发动机冷却系统的拆卸与装配

发动机软管接头都是用弹簧卡箍进行紧固的,修理时也只能用弹簧卡箍紧固,推荐使用水管钳来装配弹簧卡箍。在装配时要保证冷却液软管的松驰，不要让其与其他结构部件相接触，并注意冷却液和软管联接的标记。每次拆卸冷却系统的零部件后要更换所有衬垫及密封件。

帕萨特 B5 冷却系统的结构如图 3.57～图 3.60 所示。

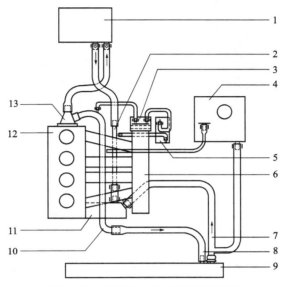

图 3.57 帕萨特 B5 冷却系统示意图

1—热交换器；2—底部冷却液管；3—节气门控制单元；4—膨胀冰箱；5—机油冷却器；
6—进气歧管；7—下冷却液软管；8—上冷却液软管；9—散热器；10—顶部冷却液管；
11—冷却液泵/节温器；12—气缸盖/缸体；13—管接头

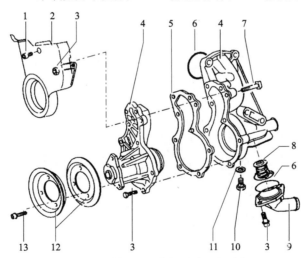

图 3.58 帕萨特 B5 冷却系统零件分解图

1—螺栓(20N·m)；2—正时同步带下护罩；3—螺母(10N·m)；4—水泵(冷却液泵)；
5—衬垫；6—O 形圈；7—锤头螺栓；8—节温器；9—管接头；10—放液螺塞
(30N·m)；11—油封；12—多楔带轮；13—螺栓(25N·m)

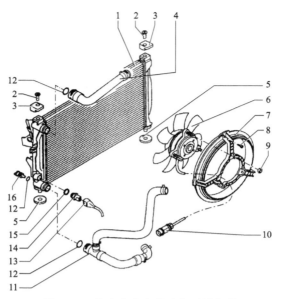

图3.59 装在车身上的冷却系统部件

1—散热器；2—固定夹；3—固定橡胶；4—上部冷却液软管；5—橡胶垫；6—冷却风扇(V7)；7—风扇罩壳；8—紧固螺栓；9—螺栓(10N·m)；10—双头插式接头；11—下部冷却液软管；12,15—O形圈；13—连接插头；14—散热风扇(F18)的热敏开关(35N·m)；16—排水螺栓(10N·m)

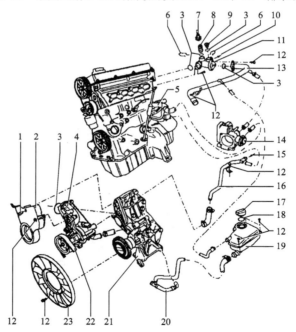

图3.60 发动机部分冷却系统部件

1—螺栓(20N·m)；2—齿形皮带下部防护罩；3—O形圈；4—水泵；5—机油冷却器；6—保持夹；7—连接插头；8—冷却液温度传感器(G62)；9—塞子；10—通向热交换器；11—连接管；12—螺栓(10N·m)；13—上部冷却液管；14—节气门控制单元；15—从热交换器来；16—下部冷却液管；17—塞盖；18—O形圈；19—膨胀箱；20—下部冷却液软管；21—组合支架；22—驱动皮带；23—风扇叶轮

1. 冷却液的排空和加注

1) 冷却液的排空

将放出的冷却液收集在一干净容器内,以便再次使用或处理。

打开冷却液膨胀水箱。热车时应注意,打开膨胀水箱盖时会喷出炽热蒸气,因此应用布包住盖子,慢慢开启。取下散热器上的堵头,将发动机冷却液放掉。

2) 冷却液的加注

冷却系统全年都需要加注水和防冻防腐剂组成的混合冷却液。冷却液添加剂能防止冻坏、锈蚀及形成水垢,还可提高冷却液的沸点。基于上述原因,冷却系统一定要全年加注防冻防腐冷却液,特别是在热带气候地区,冷却液的高沸点可保证发动机在高负荷时运行的安全性。

冷却系统容量约为7L。即便在炎热季节内也均不可加纯水降低冷却液浓度。防冻添加剂的比例不得低于40%。若在极度寒冷的环境,欲提高防冻液防冻能力,可适当提高防冻添加剂的比例,但最多不可超过60%,防冻温度可达-40℃,超过60%则反而会降低防冻能力及冷却效果。

(1) 装配底部冷却液软管并紧固。更换O形圈,装配水泵放液螺塞,其拧紧力矩为30N·m。若加注时无专用工具,则应拆下膨胀水箱并抬高约100mm。

(2) 松开固定在热交换器接头上的防尘套卡箍,向后拉防尘套。松开热交换器上的冷却液软管,向后拉软管,直到气孔(图3.61箭头所示)不再被接头封住。加注冷却液,直至冷却液软管的通气孔中流出冷却液。将软管推到接头上并紧固,盖上膨胀水箱盖。

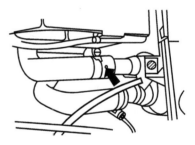

图 3.61 松开冷却液软管

(3) 起动发动机,以2000r/min的转速运转约3min。然后让发动机以怠速运转,直至散热器上的下软管变热。检查冷却液液位,如需要,加注冷却液。发动机以正常温度工作时,液位必须处于标记处,发动机处于冷态时,液位应在"min"和"max"两标记之间。

2. 水泵的拆卸与装配

1) 水泵的拆卸

(1) 排放冷却液;拆卸多楔带;拆卸V形带。

(2) 从发电机、叶片泵及风扇支座上拆下进气歧管支架、气缸体支柱、扭矩反应器支座的支架。拧下图3.62中箭头所示螺母,从支架上拆下多楔皮带张紧装置及发电机。

(3) 拧下V形带及叶片泵多楔带轮的紧固螺栓,用一销子插入叶片泵皮带轮,并将其保持在原位,从支座上拧下叶片泵紧固螺栓,但不松开液压管接头。用绳索将叶片泵固定在车身上,从冷却液泵及节温器上断开冷却液软管1和2,如图3.63所示。

(4) 拧下发电机、叶片泵及黏液型风扇支座的后紧固螺栓1~6,如图3.64所示。从正时同步带护罩上拧下水泵紧固螺栓,拆下水泵。从水泵壳体4上拆下轴承盖1,如图3.65所示。

2) 水泵的装配

按拆卸相反的顺序装配水泵。装配时注意以下事项:

(1) 清洗壳体两端的密封面,更换衬垫及O形圈,将锤头螺栓插入水泵的孔中。

图 3.62 拆卸张紧装置及发电机

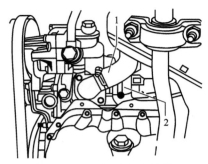

图 3.63 拆卸冷却液软管

1、2—软管

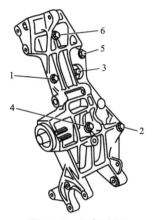

图 3.64 拆卸水泵

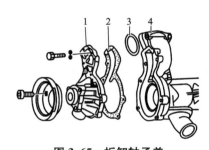

图 3.65 拆卸轴承盖

1—轴承盖；2—衬垫；3—O 形圈；4—水泵壳体

(2) 将发电机、叶片泵连同水泵一起装到缸体上，然后按 1~6 顺序拧紧螺栓。螺栓 1 和 5 为 M8×70，螺栓 2 为 M8×110，螺栓 3 为 M8×50，螺栓 4 为 M8×90，螺栓 6 为 M8×100，各螺栓的拧紧力矩参见表 3-2。

3. 节温器的拆卸与装配

拧下螺栓 4，拆下管接头 3，O 形圈 2 及节温器 1，如图 3.66 所示。

装配节温器时需清洗和展平 O 形圈的密封面，插入节温器，加注冷却液。管接头与冷却液泵壳体的连接螺栓拧紧力矩为 10N·m。

4. 水泵驱动皮带的拆卸和装配

1) 水泵驱动皮带的拆卸

(1) 拆下硅油风扇离合器，标记出水泵的皮带轮前后两片的装配位置。

(2) 用一个芯棒固定动力转向泵的皮带轮，如图 3.67 所示。

(3) 拧下水泵的皮带轮前后两片，拆下驱动皮带。

2) 水泵驱动皮带的装配

(1) 将皮带轮前后两片装到水泵上，装配水泵和叶片泵之间的驱动皮带。

(2) 均匀拉紧皮带轮，直到驱动皮带张紧。紧固时可缓慢转动叶片泵皮带轮。

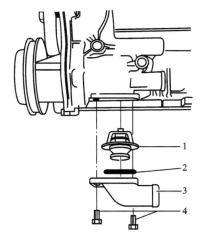
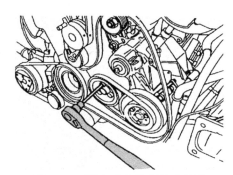

图3.66 拆卸节温器　　　　　图3.67 固定动力转向泵皮带轮

1—节温器；2—O形圈；3—管接头；4—螺栓

（3）用芯棒固定叶片泵的皮带轮，水泵皮带轮拧紧力矩为25N·m。

5．水泵和组合支架的拆卸和装配

水泵和组合支架的分解图如图3.68所示。

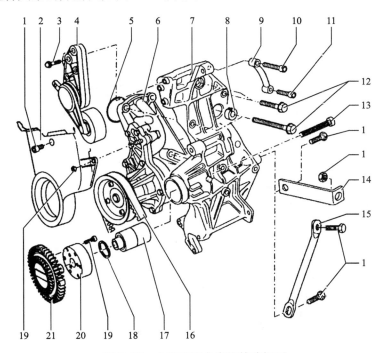

图3.68 水泵和组合支架的分解图

1—螺栓(20N·m)；2—齿形皮带下部防护罩；3—螺栓(25N·m)；4—驱动反带张紧装置；5—O形圈；
6—水泵；7—组合支架；8—轴套；9—支架；10、12—螺栓(30N·m)；11—螺栓(25N·m)；
13—螺栓(45N·m)；14、15—支承板；16—驱动皮带；17—轴承套筒；
18—弹性挡圈；19—螺栓(10N·m)；20—皮带轮；21—硅油风扇离合器

组合支架装配到缸体上紧固顺序如图3.69所示。

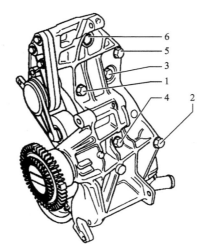

图3.69 组合支架到缸体螺栓拧紧顺序
1～6—螺栓(30N·m)

3.4.5 曲柄连杆机构的拆卸与装配

1. 油底壳的拆卸与装配

1) 油底壳的拆卸

(1) 拆下油底壳护板,排空发动机机油。

(2) 拧下油底壳螺栓,将油底壳向左侧转动,从前端副车架上拆下油底壳。注意:起吊发动机时,不要损坏或拉伸冷却液软管、管路及电线,保证后横隔板处有足够的间隙。通过飞轮处的凹口可接近油底壳后端的两个螺栓,用套筒拧下油底壳后端螺栓。

2) 油底壳的装配

按拆卸相反的顺序装配油底壳,装配时注意下列事项。

(1) 装上油底壳,将所有油底壳与缸体的紧固螺栓先拧至5N·m,拧紧油底壳与变速器的紧固螺栓。分两步按对角线方向拧紧油底壳与缸体的紧固螺栓M6,再拧紧油底壳与缸体的紧固螺栓M10。

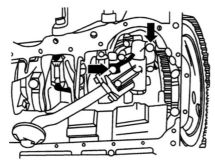

图3.70 拆卸机油泵

(2) 在从车上拆下的发动机上装配油底壳时,必须使油底壳与飞轮端的中间板对齐,即油底壳应伸出缸体0.8mm。

2. 机油泵的拆卸

1) 机油泵的拆卸

(1) 拆下油底壳。

(2) 松开图3.70箭头所示的螺栓,拆下机油泵。

2) 机油泵的装配

按与拆卸相反的顺序装配机油泵。装配时注意,机油泵与缸体连接螺栓的拧紧力矩为 25N·m。

3. 活塞与连杆组拆卸与装配

活塞与连杆的结构如图 3.71 所示。

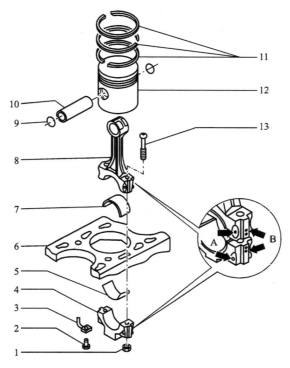

图 3.71 活塞与连杆零件图

1—活塞环；2—活塞；3—连杆；4—连杆盖；5—螺母(30N·m＋1/4 圈)；7—机油
喷油嘴；6—泄压阀(27N·m，开启压力为 250～320kPa)；8—连杆轴瓦；
9—缸体；10—连杆螺栓；11—活塞销卡簧；12—活塞销；13—螺钉

（1）拆卸发动机活塞连杆组，转动曲轴使发动机 1、4 缸活塞处于下止点。

（2）分别拆卸 1、4 缸的连杆的紧固螺母，取下连杆轴承盖。注意连杆配对记号并按顺序放好。用同样方法拆卸 2、3 缸的活塞连杆组。

（3）用橡胶锤或锤子木柄分别推出 1、4 缸的活塞连杆组件，用手在气缸出口接住并取出活塞连杆组件，注意活塞装配方向。

（4）将连杆轴承盖与连杆螺栓和螺母按原位置装回，不同缸的连杆不能互相调换。

（5）标记活塞的装配位置和气缸号，以免混淆。

（6）装配时活塞顶部箭头应指向带轮。

4. 活塞环的拆卸与装配

活塞环拆卸与装配及检查的注意事项如下。

（1）相邻两活塞环的开口必须错位 120°。

（2）用活塞环钳拆卸与装配活塞环。

(3) 活塞环上"TOP"(向上)标记必须朝向活塞顶部。

5. 连杆的拆卸与装配

连杆拆卸与装配的注意事项如下。

(1) 必须成套更换连杆。

(2) 为了避免搞混,应标出连杆所对应的气缸标记B。

(3) 连杆装配时应注意装配位置标记A应指向带轮。

(4) 注意不要堵塞带有润滑活塞销的机油孔。

(5) 连杆螺母每次拆卸后均应更换,装配时在螺纹和支承面应涂上机油。

(6) 注意轴瓦装配位置。

(7) 用过的轴瓦不能互换。

(8) 注意轴瓦定位凸起位置,不要装错。

(9) 新轴瓦轴向间隙为0.05~0.31mm,磨损极限为0.37mm。

(10) 新轴瓦径向间隙为0.01~0.06mm,磨损极限为0.12mm。检查前须用30N·m的力矩拧紧连杆螺母,用塑料厚薄规进行检测,测量时不得转动曲轴。

(11) 使用专用工具拆卸与装配活塞销。如果拆卸与装配困难,可将活塞加热到60℃。

6. 密封法兰拆卸与装配

密封法兰及飞轮的结构如图3.72所示。

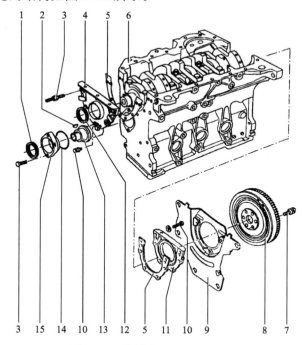

图3.72 密封法兰及飞轮的结构

1—曲轴油封;2—半圆键;3—螺栓(25N·m);4、15—密封法兰;
5—衬垫;6—气缸垫;7—飞轮紧固螺栓(60N·m+1/4圈);8—飞轮/传动盘;
9—中间板;10—螺栓(10N·m);11—密封法兰及油封;12—油封;13—中间轴;14—O形圈

1) 曲轴油封的拆卸

(1) 用专用工具反向定位皮带轮，如图 3.73 所示，拆卸多楔带及张紧装置、正时同步带及曲轴正时同步带轮。将专用工具的螺栓尽可能拧入曲轴，为油封拆卸器导向，如图 3.74 所示。

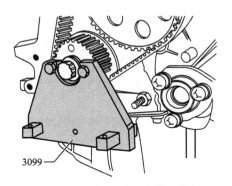

图 3.73　拆卸正时同步带及带轮

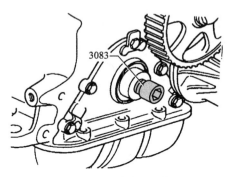

图 3.74　拆卸油封

(2) 将油封拆卸器的内螺纹件拧出 2 圈，用滚花螺钉锁住润滑油封拆卸器的螺纹头，然后装到油封上，用力尽可能拧入油封。松开滚花螺钉，拧动内螺纹件，顶住曲轴，直至拉出油封，如图 3.75 所示。

2) 曲轴油封的装配

在油封密封唇轻涂机油，将导向套筒装到曲轴主轴颈上，如图 3.76 所示，将油封滑到导向套筒上，用力压入套筒将油封压到头，如图 3.77 所示。

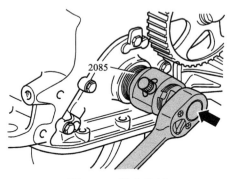

图 3.75　拉出油封

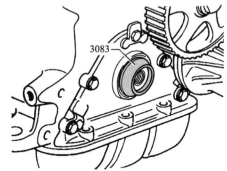

图 3.76　装上导向套筒

用定位器锁定，装配曲轴正时同步带轮。装配正时同步带、多楔带及张紧装置。正时同步带轮与曲轴的拧紧力矩为 90N·m+1/4 圈。

7. 飞轮和传动盘的拆卸与装配

1) 飞轮和传动盘的拆卸

用定位器反向定住飞轮和传动盘，如图 3.78 所示，标出飞轮盘传动盘相对发动机的位置。

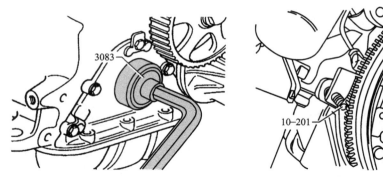

图 3.77 压入油封　　图 3.78 固定飞轮和传动盘

2) 飞轮和传动盘的装配

用垫片 2 及衬板 1 装配飞轮和传动盘,凸缘如箭头所示必须面对变矩器,如图 3.79 所示。插入紧固螺栓,以 30N·m 的力矩拧紧。

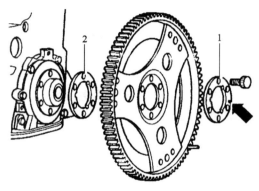

图 3.79 装配飞轮
1、2—垫片

8. 曲轴的拆卸与装配

1) 曲轴的拆卸

曲轴的结构如图 3.80 所示。特别提醒:分解和装配发动机时,必须将发动机紧固在工作台的支架上。

(1) 拆除飞轮紧固螺栓,取下飞轮、中间支板、后油封架与衬垫。

(2) 拆下中间轴密封凸缘、油封与中间轴。

(3) 拆下曲轴前油封凸缘、衬垫与油封。

(4) 拧松主轴承盖紧固螺栓,不能一次全拧松,必须分几次从中间向两端逐步拧松。

(5) 取下主轴承盖。其中从前往后的第三道轴瓦是推力轴承,其两端有半圆形止推片,应注意止推片的定位,开口的方向必须朝向轴瓦。装在轴承盖中的轴瓦只有 4 号轴瓦有油槽,而装在缸体上的轴瓦都有油槽。如继续使用,原轴瓦要原位装配,不能互换位置。

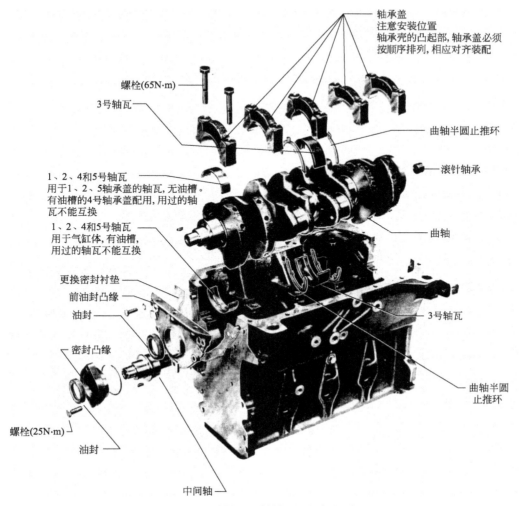

图 3.80 曲轴及曲轴轴瓦的拆卸与装配

(6) 取出曲轴。

2) 曲轴的装配

(1) 清洁气缸体,用压缩空气吹通各油道后,倒置于翻转台架上。

(2) 把 5 道主轴瓦(轴承)的上瓦(有油槽)涂少许机油,按选配的位置放在 5 个瓦座上。第三道主轴瓦为止推轴瓦,瓦片没有油槽,两边有两片半圆止推片(注意:止推片定位凸块及开口的装配方向必须朝向轴瓦)。

(3) 将 5 道下瓦(其中只有第四道下瓦有油槽)装配在 5 个轴承盖中。装配时务必注意,用过的轴瓦不能互换。

(4) 把擦净的曲轴平放在轴瓦上,按记号扣上对应的轴承盖,按规定的力矩 65N·m 依次将主轴瓦盖螺栓拧紧。

(5) 将曲轴旋转数次,曲轴的轴向应有适量间隙,过大或过小,可通过更换止推垫圈进行调整。曲轴的径向间隙(主轴瓦与曲轴轴颈的间隙)应符合规定。

(6) 装配曲轴前、后油封,油封座垫与油封座。

(7) 曲轴前端装配正时同步带轮，后端装配飞轮，再在曲轴后端孔内装配滚针轴承，轴承打印面朝外，轴承外端面低于飞轮端面 1.5mm。

3.5 发动机装配调整与磨合

3.5.1 发动机装配调整

1. 发动机的装配的基本要求

(1) 复检零部件、辅助总成，性能试验合格。
(2) 易损零件、紧固锁止件全部换新，如自锁螺母、弹簧垫片等。
(3) 严格保持零件、润滑油道清洁。
(4) 做好预润滑。预润滑剂必须清洁、品质符合发动机工作要求。

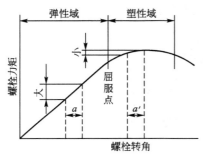

图 3.81 螺栓的塑性域

(5) 不许互换配合位置的零件，严格按装配标记装配。零件的平衡配重位置正确，固定可靠。
(6) 尽量使用专用器具装配，按规定紧固力矩、紧固方法和顺序紧固螺栓。如塑性螺栓的塑性域紧固法，如图 3.81 所示，在塑性域只有螺栓转动的变化，而扭矩则保持不变。有些气缸螺栓、连杆螺栓就是用塑性域紧固法分三步拧紧的，如图 3.82 所示。

第一步，用专用工具将所有螺栓按规定顺序、扭矩紧固后，在所有螺栓头前端漆上记号，如图 3.82(a) 所示。

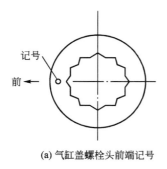
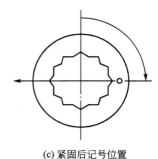

(a) 气缸盖螺栓头前端记号　　(b) 初紧记号位置　　(c) 紧固后记号位置

图 3.82 气缸盖螺栓拧紧

第二步，将预紧的螺栓以规定顺序按图 3.82(b) 所示拧紧 90°。

第三步，将所有螺栓按顺序再拧紧 90°，按图 3.82(c) 所示，螺栓头上的记号位于后端。

此类螺栓如破裂或变形，立即更换。

(7) 装配间隙必须符合技术条件，但应根据具体情况适当调整。如活塞的配缸间隙，若选择购买数个厂家的活塞，应根据其产品质量规律，总结调整出适合各厂家活塞的配缸间隙值。对于变形的零件配合间隙调到公差下限，无变形的调整到上限等，实践证明都是很有意义的措施。

（8）电控系统各接头、线柱要清洁，接触可靠。燃油系统中的O形圈必须更换，而且不得使用含硅密封胶。

2. 发动机装配顺序与调整方法

发动机装配顺序与调整方法随结构的不同有所变化，但基本顺序相同。以下就以桑塔纳乘用车为例加以说明。

1）安装曲轴与轴承

（1）将气缸清洗干净倒置于安装支架上，正确安放好各道主轴承（一、二、四、五道轴承只是装在缸体上的一片有油槽，装在瓦盖上的一片无油槽，第三道轴承两片均有油槽）及推力垫圈。

（2）将曲轴置于缸体主轴承座孔中，按规定扭矩依次拧紧各轴承盖螺栓（扭紧力矩为65N·m），安装推力垫圈后应轴向撬动曲轴检查其轴向间隙；每紧固一道主轴承盖后应转动曲轴数周，检查其径向间隙。轴承过紧或曲轴轴向间隙不符合要求应查明原因，及时予以排除。

（3）安装曲轴前、后端油封凸缘、凸缘衬垫及油封等。

（4）安装飞轮及曲轮齿带轮。

2）安装活塞连杆组

（1）组装活塞连杆组：使活塞顶部的箭头标记与同缸号连杆的凸点指向同一侧，在配合面上涂抹机油，然后用拇指将活塞销推入活塞销座孔及连杆小头孔中（阻力较大时，可先用热水将活塞加热至60℃；加热后仍不能将活塞销推入，应重新选配零件），并装好锁环。

（2）检查活塞是否偏缸：使发动机侧置，将未装活塞环的活塞连杆组装入各缸，并按规定扭矩分次拧紧连杆螺栓（1.8L发动机应先扭紧至30N·m，再继续扭紧180°；1.6L发动机应以45N·m的力矩扭紧）。用厚薄规检查活塞在上、下止点及气缸中部时，活塞顶部在气缸前、后方向的间隙是否相同，即是否存在偏缸。存在偏缸时，应查明原因予以消除。

检查偏缸的同时，还应注意检查连杆轴承与轴颈的轴向及径向间隙。

（3）安装活塞环：在活塞环端隙、侧隙及背隙符合要求的情况下，用活塞环钳将其装入相应的环槽中。安装第二道气环（锥形环）时，应使标有"TOP"标记的一面朝向活塞顶部。各道活塞环的开口相互错开120°，并使第一道活塞环的开口位于侧压力小的一侧，且与活塞销轴线成45°角。

（4）将活塞连杆组装入气缸：使活塞顶面的箭头指向发动机前方，并按缸号标记，将组装好的活塞连杆组自缸体上方放入气缸中，用活塞环箍压缩活塞环后，用手锤木柄将活塞推入缸内，使连杆大头落于连杆轴颈上，按标记扣合连杆轴承盖，并按规定力矩拧紧连杆螺栓。

3）安装中间轴

将中间轴装入机体承孔中，在其前端装入O形圈、油封凸缘及油封。油封凸缘紧固螺栓应以25N·m的力矩拧紧，最后装好中间轴齿带轮。

4）安装气缸盖及配气机构

（1）将各气门插入相应的气门导管中,检查气门与气门座的密封性(可用汽油进行渗漏检验),不符合要求时,应进行手工研磨。

（2）取出各气门,装好气门弹簧下座,用专用工具将气门油封压装到气门导管上,再重新插入各气门,装好气门弹簧、上弹簧座及锁片(使用过的旧锁片不准再用),并用塑料锤轻轻敲击数次,以确保锁片安装的可靠性。

（3）按顺序将各气门挺杆装入挺杆承孔中,在气缸盖后端装好凸轮轴半圆塞(新件),将凸轮轴置于气缸盖上的承孔中,按解体的相反顺序以 20N·m 的力矩拧紧各道凸轮轴轴承盖(先对称紧固 2、4 道轴承盖,后紧固 1、3、5 道轴承盖),并复查凸轮轴的轴向和径向间隙。

（4）将定位导向螺栓拧入缸体上的 1、3 螺栓孔中。使有 0BENTOP 标记的一面朝上,将气缸垫安放于气缸体上。

（5）转动曲轴使活塞离开上止点位置,将气缸盖置于气缸体上,用手拧入其他 8 个缸盖螺栓,再拧出 1、3 螺栓孔中的定位螺栓,拧入 2 只缸盖螺栓。

（6）按拆卸时的相反顺序分四次拧紧各缸盖螺栓:第一次扭至 40N·m;第二次扭至 60N·m;第三次扭至 75N·m;第四次再旋紧缸盖螺栓 1/4 圈(90°)。

（7）装上凸轮轴油封及齿带轮,并以 80N·m 的力矩拧紧齿带轮紧固螺栓。

（8）安装气门罩盖密封衬垫、密封条、气门罩盖、压条及储油器等,并以 10N·m 的力矩拧紧其紧固螺母。

5）安装齿形皮带、分电器和机油泵

（1）将齿形皮带套到曲轴及中间轴齿带轮上。

（2）转动凸轮轴使其齿带轮上的标记与气门罩盖平面平齐(转动凸轮轴时,曲轴不可位于上止点位置,以防气门碰撞活塞,造成零件损伤)。

（3）装好齿形皮带下护罩及曲轴前端的三角带轮,并装好发电机、水泵及空调压缩机,套上发电机及压缩机三角带。

（4）转动曲轴,使飞轮上的点火正时标记与变速器壳上的标记对齐。或使曲轴带轮外缘上的标记与齿带下护罩上的箭头标记对正。

（5）将齿带套到凸轮轴齿带轮上,并通过张紧轮调整好齿带张紧程度。

（6）调好发电机皮带的张紧力。

（7）使分火头指向分电器壳上的一缸标记,将分电器插入机体承孔中,并固定好分电器压板。

（8）使机油泵驱动轴的扁头对正分电器驱动轴的槽口,安装好机油泵,并装上油底壳及其衬垫。

6）安装其他附件

将机油滤清器、汽油泵、进排气歧管、化油器、起动机及齿带轮上护罩等依次安装到发动机机体上。

7）发动机总成的装车

将发动机总成装到车上,并连接好各管路及线路。具体操作可按拆卸的相反顺序进行,并注意以下问题:

（1）注意不要碰伤变速器输入轴。

(2) 发动机橡胶支承块的自锁螺母应更换新件。
(3) 将发动机装入支架座上,旋紧紧固螺栓。
(4) 调好离合器踏板自由行程及节气门、阻风门拉索,安好排气管。
(5) 连接起动机接线时,导线不得碰到发动机。
(6) 合理加注冷却液。

3.5.2 发动机的磨合

汽车总成或机构组装后,改善零件摩擦表面几何形状和表面物理机械性能的运转过程称为磨合。总成磨合是修理工艺过程的一个重要工序,是有关总成从修理装配状态转入工作状态的过渡,磨合质量对总成修理质量和大修间隔里程有着重大的影响,因此,未经磨合的发动机是不允许投入使用的。

总成修理的发动机使用的零件有新有旧,零件的技术状况相差较大。修理工艺装备和企业生产技术水平又存在着很大的差异。有些总成修理的发动机在磨合中就出现拉缸、烧瓦等严重故障。因此,总成修理的发动机进行科学的磨合就更为必要。

1. 发动机磨合的作用

1) 形成适应工作条件的配合性质

(1) 扩大配合表面的实际接触面积。新零件和经过修理的零件,由于表面微观粗糙和各种误差,装配后配合副的实际接触面积仅为设计面积的 1/100～1/1000,配合表面上单位实际接触面积的载荷就会超过设计值的百倍乃至千倍。微观接触面积在高应力、高摩擦热作用下就容易产生塑性变形和黏着磨损,引起咬粘等破坏性故障。因此,使新零件在特定的磨合规范下运动,粗糙表面的微观凸点镶嵌其上并产生微观机械切削现象,使实际接触面积不断扩大,在短期内形成适应正常工作条件的配合表面。

(2) 形成适应工作条件的表面粗糙度。每一种工作条件均有其相应的表面粗糙度,零件加工的表面粗糙度与工作条件的要求差距甚大。在磨合中才能形成适应工作条件的表面粗糙度。

(3) 改善配合性质。由于磨合磨损形成了适应工作条件的实际接触面积和表面粗糙度以及配合间隙,不但显著地提高了零件综合抗磨损性能,也减少了其摩擦阻力与摩擦热,故障率降低,提高了大修发动机的可靠性与耐久性。

2) 改善配合副的润滑效能

磨合使配合间隙增大到适应正常工作条件的配合间隙,改善了润滑油的泵送性能,增大了配合副间润滑油流量,不但改善了配合副的润滑效能,也有利于保持正常的工作温度和配合表面的清洁。

3) 提高发动机的可靠性与耐久性

金属在低于或近于疲劳极限下,磨合一定的时间,"实现次负荷锻炼",可以明显提高金属零件的抗磨损能力和抗疲劳破坏能力,从而提高机械的可靠性和耐久性。

发动机全部磨合过程由微观几何形状磨合期、宏观几何形状磨合期、适应最大载荷表面准备期三个时期组成。微观几何形状磨合期内(第一时期),微观粗糙表面因微观机械加工作用逐渐展平,表面金属被强化,显微硬度成倍地提高,产生剧烈的磨损,增大配合间隙,形成适应摩擦状态下的工作表面质量。宏观几何形状磨合期内(第二时期),零件表面形位误差部分的得以消除,磨损量逐渐减小,机械损失减弱。适应最大载荷表面准备期内(第三时期),零件磨损率和发动机动力性、经济性逐渐稳定,故障率降低,可靠性提高。后两个磨合时期发动机装限速片,在限速限载条件下的运行过程中完成,称为"汽车走合"。第一时期磨合则于出厂前在台架上完成,称为"发动机磨合"。

2. 发动机磨合的两个阶段

发动机磨合分冷磨合与热磨合两个阶段。冷磨合是由外部动力驱动总成或机构的磨合。而发动机自行运转的磨合则称为热磨合。其中发动机自行空运转的磨合则称为无载热磨合;加载自运转磨合称为负载磨合。发动机的磨合质量在材料、结构、装配质量等条件已定的情况下,主要取决于磨合时期的转速、载荷、磨合时间、润滑油品质。因此,由磨合转速、载荷和磨合时间组成了发动机的磨合规范。

1) 冷磨合规范

(1) 冷磨合转速。起始转速 $400\sim500$r/min($0.2\sim0.25n_e$)终止转速 $1200\sim1400$r/min($0.4\sim0.55n_e$)。起始转速过低,由于曲轴溅油能力不足、机油泵输油压 $1200\sim1400$r/min($0.4\sim0.55n_e$)。起始转速过低,由于曲轴溅油能力不足、机油泵输油压力过低,难以满足配合副很大摩擦阻力和摩擦热对润滑、冷却、清洁能力的需求,极易造成配合副破坏性损伤。由于高摩擦阻力和高摩擦热的限制,起始转速也不能过高。

发动机磨合的关键是气缸与活塞环、活塞和曲轴与轴承等配合副的磨合。配合面上的载荷主要由活塞连杆组的质量和离心力形成的。据有关资料介绍,在 $1200\sim1400$r/min 范围内单位面积上的载荷最大。超过或低于此转速,载荷反而减小,均会影响磨合效果,如图 3.83 所示。

磨合转速采取了四级调速。无级调速磨合效率低,在每级转速下,随着表面质量的改善,磨损率逐渐下降至平衡状态。为了提高磨合效率,故采用有级调速,如图 3.84 所示。

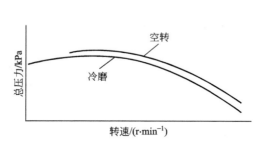

图 3.83 连杆轴颈上的总压力与转速的关系图

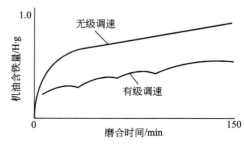

图 3.84 冷磨磨损特性

(2) 冷磨合载荷。单靠活塞连杆组所产生的载荷显然不够,磨合效率低。实践证明,装好气缸盖,堵死火花塞螺孔,借助气缸的压缩压力来增加冷磨载荷是极为有益的。

(3) 冷磨合的润滑。现行的润滑方式有自润滑、油浴式润滑和机外润滑。实践证明:机外润滑方式最佳,对提高磨合效率极为有利。所谓机外润滑是指专门的泵送系统,将专门配制的黏度较低,硫化极性添加剂含量高的专用发动机润滑油;以较大的流量送入发动机进行润滑的润滑方式。不但使摩擦表面松软,加速磨合过程,而且润滑、散热以及清洁能力很强,还可以提高磨合过程的可靠性。

(4) 磨合时间。各级转速的冷磨合时间约 15min,共 60min。

2）热磨合规范

（1）无载热磨合。无载热磨合是为有载热磨合做准备，其磨合原理与冷磨合类似，因此无载热磨合转速取 $0.4\sim0.55P_e$。

（2）有载热磨合。起始转速为 $0.4\sim0.5P_e$，磨合终了转速一般取 $0.8P_e$，四级调速。

起始加载取 $0.2P_e$（P_e 为发动机额定功率），磨合终了前载荷取 $0.8P_e$，采取四级加载方式，与四级调速相应组合。磨合时间的确定，多以每级磨合中的转速变化或润滑油温度来判断。当每级负载不变时，随着磨合的时间的延续、零件工作表面质量的改善、摩擦损失的减小，发动转速会有明显的升高，就表明这一级磨合已达到了磨合要求，就可以转入高一级转速负载梯度的磨合。也可以用润滑油的温度变化评价每级磨合时间，在发动机冷却液温度保持恒定的条件下，摩擦阻力进入稳定阶段后，润滑油温度也从升温转入温度稳定状态，就可以转入高一级磨合。

实践证明，上述磨合规范的总磨合时间 120～150min。

在热磨合过程中，必须进行发动机的检查调整和发动机性能试验，排除故障使发动机符合大修竣工技术条件，并清洗润滑系，更换润滑油和滤清器滤芯，加装限速装置。

第 4 章 汽车发动机检修

教学目标

熟悉汽车发动机检修的主要部件,掌握汽车技术状况的检测、两大机构和五大系统的检修,掌握汽车发动机常见故障的诊断流程和诊断方法。

教学要点

知识要点	能力要求	相关知识
气缸技术状况的检测	掌握汽车技术状况检测的作用、方法和步骤	气缸压缩压力检测、曲轴窜气量检测、气缸漏气率检测
发动机主要部件的检修	掌握发动机两大机构、五大系统的检修方法和步骤	曲柄连杆机构检修、配气机构检修、润滑系统检修、冷却系统检修、汽油供给系统检修、柴油供给系统检修
发动机故障诊断	根据发动机故障的诊断流程和方法,对发动机的故障部位进行相应的诊断	曲柄连杆机构故障诊断、配气机构故障诊断、润滑系统故障诊断、冷却系统故障诊断、汽油机燃油供给系统故障诊断、柴油机燃油供给系统故障诊断

4.1 气缸技术状况检测

气缸技术状况检测主要与气缸、气缸盖、气缸衬垫、活塞、活塞环和进、排气门等包围工作介质的零部件的技术状况有关。在发动机使用过程中，由于上述零部件的磨损、烧蚀、结胶、积炭等原因，引起气缸密封性下降，从而导致发动机的动力性、经济性、工作稳定性变差，排放污染增加。气缸密封性是表征发动机技术状况的重要指标。

4.1.1 气缸压缩压力检测

气缸压缩终了时的压力与发动机压缩比、曲轴转角、发动机温度、进气阻力、机油黏度及气缸密封性等因素有关。在其他因素不变时，检测气缸压缩压力大小可以判断气缸的密封性。气缸压缩压力检测方法有气缸压力表检测法和气缸压力测试仪检测法两种。

1. 气缸压力表检测法

用气缸压力表检测气缸压缩压力(简称气缸压力)具有价格低廉、仪表轻巧、实用性强和检测方便等优点，因而气缸压力表检测法在汽车维修企业中应用十分广泛。

气缸压力的检测如图4.1所示。发动机应运转至正常工作温度，拆除空气滤清器和全部火花塞或喷油器(柴油机)。拆前吹净周围灰尘和脏物，拆后按顺序放置。汽油机应把分电器中央电极高压线拔下并可靠搭铁，防止电击和着火。节气门和阻风门置于全开位置。把气缸压力表的锥形橡胶接头压紧在被测缸的火花塞孔内，或把螺纹管接头拧在火花塞孔上。用起动机带动曲轴旋转3～5s，指针稳定后读取并记录数值，按下单向阀使指针回零。按上述方法依次测量各缸，每个气缸的测量次数应不少于三次，测量结果取其平均值。

图4.1 气缸压力的检测

(1) 说明：柴油机缸压就车检测时，应使用螺纹接头的气缸压力表。如果该机要求在较高转速下测量，此种情况除受检气缸外，其余气缸均应工作。其他检测条件和检测方法同汽油机。

(2) 检测结果的影响因素：用气缸压力表测得的气缸压力，不仅与气缸密封性有关，而且受发动机转速的影响，即与活塞在缸内压缩行程所持续的时间密切相关。

当起动机带动发动机在较低转速范围内运转时，即使是较小的转速差，也能使气缸压力检测结果发生较大的变化。只有当发动机曲轴转速超过150r/min时，检测结果受转速的影响才会较小。检测时，发动机转速高低取决于蓄电池和起动机的技术状况，以及发动机旋转时的摩擦阻力矩。因此，要求蓄电池、起动机的技术状况良好；同时要求发动机润滑条件良好，并运转至正常热状况，以减少运转时的摩擦阻力。

气缸压力表所得测试结果误差大的主要原因是起动转速不符合检测气缸压力时的转速要求。因此，在检测气缸压力时，监控曲轴转速对于减小测量误差，以获得正确的检测分析结果是非常重要的。

(3) 检测结果分析：当气缸压力的检测值低于标准值时，常根据润滑油具有密封作用的特点，确定导致气缸密封性不良的原因所在。

由火花塞或喷油器孔注入适量(一般 20～30mL)润滑油后，再次检测气缸压力，并比较两次检测结果。

① 第二次检测结果比第一次高，并接近标准值，表明气缸密封性不良是由活塞与气缸壁配合间隙过大引起的。

② 两次检测结果均表明某相邻两缸压缩压力低，其原因可能是两缸相邻的气缸衬垫烧损窜气。

如果气缸压力高于标准值，则可能是因为燃烧时积炭过多、气缸衬垫过薄或缸体与缸盖的接合平面经多次修理后加工过甚。同时，气缸压力高于标准值常会导致爆燃、早燃等不正常燃烧情况发生。气缸压力检测标准值一般由制造厂通过汽车使用说明书给出。

2. 气缸压力测试仪检测法

1) 用压力传感器式气缸压力测试仪检测

用压力传感器式气缸压力测试仪检测的步骤如下：

(1) 拆下被测气缸的火花塞或喷油器。

(2) 旋上仪器配置的压力传感器。

(3) 使节气门和阻风门位于全开位置。

(4) 用起动机转动曲轴 3～5s。

(5) 由传感器输出的关于气缸压力的信号，经放大后送入 A/D 转换器进行数模转换，输入显示装置即可指示出所测气缸的压缩压力。

2) 用起动电流或起动电压式气缸压力测试仪检测

(1) 检测原理：起动机带动发动机曲轴所需的转矩是起动电流的函数，并与气缸压力成正比。发动机起动时的阻力矩，主要是由曲柄连杆机构产生的摩擦力矩和各缸压缩行程受压空气的反力矩两部分组成的。前者可认为是常数，而后者随气缸压力变化。

(2) 检测方法：①发动机运转至正常工作温度；②节气门和阻风门置于全开位置；③传感器安装及测试。

(3) 检测注意事项：标准缸的气缸压力值是由缸压传感器直接测出的，其余各缸的压力值则是通过各缸起动电流峰值与标准缸起动电流峰值相比较而得到的。因此，为保证测试结果可靠、准确，应经常用气缸压力表的检测值与用缸压传感器的检测值相比较，以检查缸压传感器是否准确。

3. 检测结果要求

根据《汽车运输业车辆技术管理规定》，在用汽车发动机气缸压力不得低于原设计的 25%，否则应进行大修。

根据 GB/T 15746—2011《汽车修理质量检查评定方法》的规定：大修竣工后，气缸压缩压力应符合原设计规定；每缸压力与各缸平均压力的差，汽油机不超过 8%，柴油机不超过 10%。

根据 GB 18565—2001《营运车辆综合性能要求和检验方法》，发动机各气缸压缩压力应不小于原设计规定值的 85%；每缸压力与各缸平均压力的差，汽油机应不大于 8%，柴油机应不大于10%。

4.1.2 曲轴窜气量检测

气缸活塞组配合副磨损、活塞环弹性下降或黏结均会使密封性下降，工作介质和燃气将会从不密封处窜入曲轴箱。检测曲轴箱窜气量，可诊断气缸与活塞环的密封性。

1. 检测仪器

曲轴箱窜气量的检测采用专用的气体流量计进行。图4.2所示是一种玻璃气体流量计的简图。它由U形管式压力计、流量孔板、刻度板和通曲轴箱的胶管等组成。

2. 检测方法

测量时，将曲轴箱密封，堵住机油尺口、曲轴箱通风进出口等，由加机油口处用胶管将漏窜气体导出，输入气体流量计。当漏窜气体沿图中箭头移动时，由于流量孔板两边存在压力差，使压力计水柱移动，直至气体压力计水柱高度可以确定窜入曲轴箱的气体量。

曲轴箱窜气量与气缸活塞副技术状况及转速和负荷有关。检测时，发动机应加载，节气门全开(或柴油机最大供油量)，在最大转矩转速(此时窜气量最大)测试。发动机加载可在底盘测功机上实现。测功机的加载装置可方便地通过滚筒、驱动车轮和传动系统对发动机进行加载，可使发动机在全负荷工况下从最大转矩

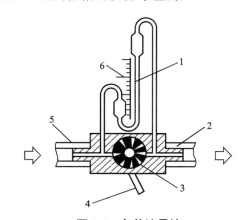

图4.2 气体流量计

1—压力计；2—通大气管；3—流量孔板；
4—孔板手柄；5—通曲轴箱胶管；6—刻度板

转速至额定转速的任一转速下运转，因此可用曲轴箱窜气量检测仪检测出任一工况下曲轴箱的窜气量。

3. 检测结果分析

对曲轴箱窜气量还没有制定出统一的国家诊断标准，有些维修企业自用的企业标准一般是根据具体车型逐渐积累资料制定的。由于曲轴箱窜气量还与缸径大小和缸数多少有关，很难把众多车型统一在一个诊断参数标准内。有些国家以单缸平均窜气量作为诊断参数。综合国内外情况，单缸平均窜气量值可参考以下标准：

汽油机：新机2～4L/min，达到16～22L/min时需大修。

柴油机：新机3～8L/min，达到18～28L/min时需大修。

曲轴箱窜气量大，一般是气缸、活塞、活塞环磨损量大，使各部分间隙大；活塞环对口、结胶、积炭、失去弹性、断裂及缸壁拉伤等原因造成的，应结合使用、维修和配件质量等情况来进行深入诊断。

4.1.3 气缸漏气率检测

气缸的密封性可用检测气缸漏气率的方法进行评价。检测气缸漏气率时，发动机不运转，活塞处在压缩终了上止点位置，从火花塞孔处通入一定压力的压缩空气，通过测量气

缸内压力的变化情况，来表征整个气缸组的密封性，即不仅表征气缸活塞摩擦副，还表征进排气门、气缸沉淀、气缸盖及气缸的密封性。该方法仅适用于对汽油机的检测。

1. 气缸漏气率检测仪

气缸漏气率检测仪的结构如图4.3所示。其中，漏气率表一般可将203.2～509.5kPa气压表的表面刻度改为漏气率(%)来代替。当出气量孔精度不高时，可调整气压调节阀，以获取正确的气压表位置。

气缸漏气率检测仪采用713.3～917kPa的压缩空气源。出气量孔7的孔径一般应根据各型车发动机技术状况恶化时的最大漏气量进行选择。接上压缩空气后打开开关1，关闭开关6时，调节减压器使漏气率表4的压力达到表上额定压力时的点作为漏气率0点，然后打开开关6，压缩空气全部经出气量孔漏出，压力表指示在零点，作为漏气率100%点。在0与100之间等分100份，每一份即为1%的漏气量。

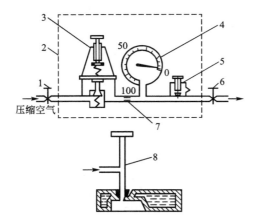

图4.3 气缸漏气率检测仪结构示意图

1—压缩空气进入接头和开关；2—仪器箱；
3—减压器；4—漏气率表；5—气压调节阀；
6—仪器与测量塞头及开关；
7—出气量孔；8—测量塞头

2. 检测方法

用气缸漏气率检测仪进行检测时，发动机应走热至75～85℃后停车，旋出所有火花塞或喷油器，用手柄摇转发动机，直到第一缸活塞到达压缩行程上止点，将变速器换入低挡，拉紧驻车制动器，避免压缩空气进入气缸时推动活塞下行。将仪器接通气源，然后将测量塞头压紧在火花塞孔或喷油器孔，打开开关6，漏气率表4指针的读数即为第一缸上止点时的漏气率。同法测出其他各缸上止点的漏气率。

3. 检测结果分析

当活塞处于压缩终了上止点位置时，气缸活塞组正常的漏气率为6%～15%，不得大于40%。当超过这一数值时，如果能确认进、排气门和气缸衬垫是密封的，则说明气缸活塞组的磨损临近极限值，已到了必须换环或镗磨气缸的程度。此外，与测量气缸漏气量相同，也可在测量的同时配合听、察漏气声响，判断漏气部位。

4.2 曲柄连杆机构检修

4.2.1 曲轴检修

曲轴的结构如图4.4所示。分解和装配发动机时，必须将发动机紧固在工作台的支架上。

曲轴的修理尺寸和相关间隙值如表4-1和表4-2所示。

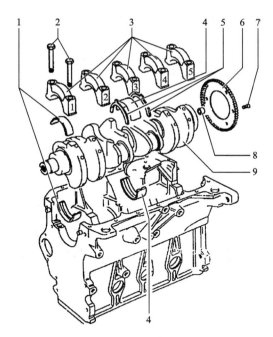

图 4.4 曲轴零件图

1、4—主轴瓦；2—螺栓；3—主轴承盖；5—止推垫片；
6—发动机转速传感器；7—螺栓；8—滚针轴承；9—曲轴

表 4-1 曲轴修理尺寸 （mm）

研磨尺寸	主轴颈直径	连杆轴颈直径
基本尺寸	$54.00_{-0.012}^{-0.022}$	$47.80_{-0.012}^{-0.022}$
第一次减小尺寸	$53.75_{-0.012}^{-0.022}$	$47.55_{-0.012}^{-0.022}$
第二次减小尺寸	$53.50_{-0.012}^{-0.022}$	$47.30_{-0.012}^{-0.022}$
第三次减小尺寸	$53.25_{-0.012}^{-0.022}$	$47.05_{-0.012}^{-0.022}$

表 4-2 曲轴间隙 （mm）

尺寸	新轴	磨损极限
轴向间隙	0.07～0.23	0.30
径向间隙（用塑料塞尺测量）	0.02～0.06	0.15

4.2.2 活塞与连杆检修

活塞与连杆的结构如图 4.5 所示。

（1）检查开口间隙，如图 4.6 所示。将活塞环沿气缸垂直向下推至离气缸顶约 15mm 处，测量开口间隙值，开口间隙如表 4-3 所示。

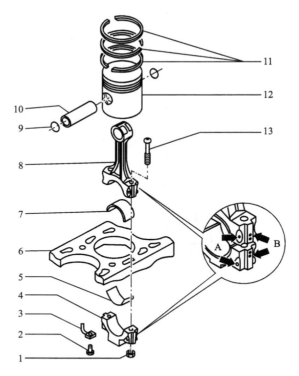

图 4.5 活塞与连杆零件图

1—定位套筒；2—螺栓；3—锁止片；4、8—连杆；5、7—连杆轴承；
6—缸体；9—挡圈；10—活塞销；11—活塞环；
12—活塞；13—连杆螺栓

表 4-3 活塞环开口间隙 (mm)

活塞环	新环	磨损极限
第一道压缩环	0.20～0.40	0.80
第二道压缩环	0.20～0.40	0.80
两件组合式油环	0.20～0.40	0.80
三件组合式油环	0.25～0.50	0.80

（2）检查边间隙，如图 4.7 所示。检查活塞环边间隙前，要清洗活塞环槽，边间隙如表 4-4 所示。

表 4-4 活塞环边间隙 (mm)

活塞环	新环	磨损极限
第一道压缩环	0.02～0.07	0.12
第二道压缩环	0.02～0.07	0.12
油环	0.02～0.06	0.12

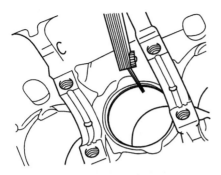
图 4.6 检查活塞环开口间隙

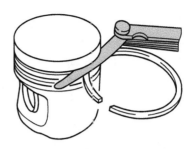
图 4.7 检查活塞环边间隙

(3) 活塞允许装用两件或三件组合式油环。

检查活塞的注意事项如下：

(1) 如图 4.8 所示测量活塞尺寸。检测部位距离裙部下缘约 10mm，并与活塞销轴线成 $90°$，要求与公称尺寸的最大偏差为 0.04mm。活塞的尺寸如表 4-5 所示。

表 4-5 活塞和气缸尺寸　　　　　　　　　　　　　　　　(mm)

尺寸	活塞直径	气缸直径
基本尺寸	80.980	80.01
第一次加大尺寸	81.235	81.26
第二次加大尺寸	81.485	81.51

(2) 如图 4.9 所示测量气缸尺寸。使用量程为 50～100mm 的内径千分表检测，沿 A、B 两个方向分别测量三点，要求与公称尺寸最大偏差为 0.10mm，气缸的尺寸如表 4-5 所示。

图 4.8 测量活塞尺寸

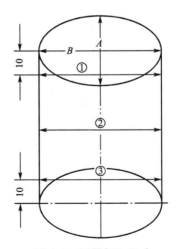
图 4.9 测量气缸尺寸

(3) 标记活塞的安装位置和气缸号，以免混淆。
(4) 安装时活塞顶部箭头应指向带轮。

4.2.3 连杆轴瓦检修

连杆轴瓦检修的注意事项如下：

（1）注意轴瓦安装位置。

（2）用过的轴瓦不能互换。

（3）注意轴瓦定位凸起位置，不要装错。

（4）新轴瓦轴向间隙为 0.05～0.31mm，磨损极限为 0.37mm。

（5）新轴瓦径向间隙为 0.01～0.06mm，磨损极限为 0.12mm。检查前须用 30N·m 的力矩拧紧连杆螺母，用塑料塞尺进行检测，测量时不得转动曲轴。

4.2.4 气缸体与气缸盖检修

气缸盖的结构如图 4.10 所示。进行气缸盖修理时，必须更换相关的密封件、衬垫、自锁螺母及有规定拧紧力矩的螺栓。安装带有凸轮轴的缸盖时，必须用机油润滑挺杆与凸轮的接触面。气缸塑料保护套在安装气门前才可拆掉。安装新缸盖或气缸盖衬垫时，必须放空旧冷却液，然后加注新冷却液。

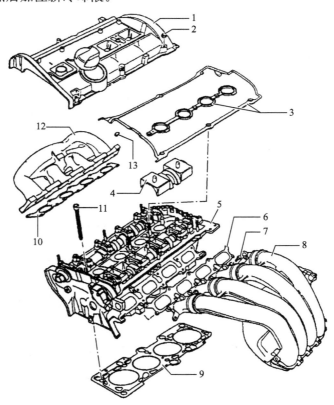

图 4.10　气缸盖零件分解图

1—气缸盖罩；2—螺母；3—气缸盖罩衬垫；4—挡油罩；5—气缸盖；6—进气歧管密封垫；
7—螺栓；8—进气歧管；9—气缸盖衬垫；10—排气歧管密封垫；
11—气缸盖螺栓；12—排气歧管；13—螺母

气门座之间或气门座镶圈与火花塞螺纹之间有裂纹的气缸盖,若裂纹最宽不超过3mm或火花塞头部螺纹开裂不超过4圈,则仍可使用,不会影响使用寿命。

1. 气缸盖检查

如图4.11所示,用带刃口的直尺或塞尺测量气缸盖若干点,最大允许变形为0.1mm。

如图4.12所示,气缸盖修整(刮削)尺寸不得超过最小尺寸,最小尺寸如图4.11中的$a=139.25$mm。

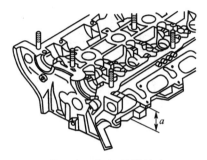

图4.11 气缸盖的检查

图4.12 气缸盖的修整

2. 气缸压力检查

检查气缸压力时发动机机油温度不得低于30℃。气缸压力的检查步骤如下:

(1) 关闭点火开关,从点火线圈上拔下插头。拧下点火线圈紧固螺栓。从所有喷油器上拔下插头。用火花塞扳手拆下火花塞。使节气门全开,用气缸压力测试仪检测气缸压力。

(2) 起动起动机,直至测试仪上显示的压力值不再升高。气缸压力如表4-6所示。

(3) 安装点火线圈、火花塞。

表4-6 气缸压力　　　　　　　　　　(kPa)

新发动机	磨损极限	各缸压力允许偏差
900~1400	750	最大300

3. 气缸体和气缸盖变形检验

把刀口尺或直尺按图4.13所示平稳放置在气缸上平面或气缸盖下平面,观察被测平面刀口尺的刃口或光轴素线之间的漏光部位,并用塞尺在各漏光处塞检。在所有测量方向和测量位置中的最大间隙值,即可作为该平面的平面度偏差(注意:对于中凸平面,如接触部在中间,会形成不稳定的接触,检测时应将两端间隙调成等值后进行测量,否则将会使偏差值成倍地增加)。

测量气缸体下平面时,将缸体置于平板上,用塞尺直接测量。整个平面的平面度检测完毕后,用长度为70mm的刀口尺或直尺在被测表面的任意部位或任意方向重复上述检测,其最大间隙为50mm×50mm范围内的平面度偏差。

要求：

(1) 气缸体上、下平面和气缸盖下平面平面度误差，每 50mm×50mm 范围内均应不大于 0.05mm。在整个平面上，气缸体(盖)的平面度误差应不大于 0.10mm。气缸体平面度磨损极限为 0.10 mm，气缸盖修磨后其高度不能小于 $a=132.6$mm，如图 4.14 所示。

(2) 加工气缸体时必须检查下平面(以下平面为基准)。气缸体下平面与曲轴轴承孔轴线的平行度误差应不大于 0.10mm，气缸体上平面与曲轴轴承孔轴线的距离差应不大于 0.40mm。

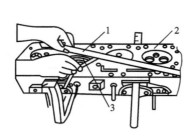
图 4.13 气缸盖变形的检查
1—直尺；2—气缸盖；3—塞尺

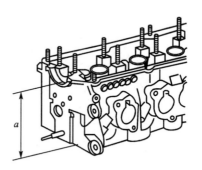
图 4.14 气缸盖修理尺寸

4. 气缸体和气缸盖裂纹检修

气缸体与气缸盖的裂纹，通常用水压试验进行检验，如图 4.15 所示。

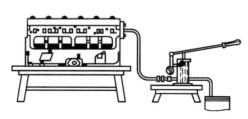
图 4.15 水压试验

1) 试验方法

将气缸盖和气缸垫装在气缸体上，将一盖板装在发动机的前壁上，将水管与水压机相连，其他出水口一律封闭，然后将水压入水套内，压力在 0.2～0.4MPa 时保持 5min。若气缸盖表面、燃烧室等部位无水珠出现，则表示无裂纹。

2) 水珠出现处的维修方法

可采用环氧树脂黏结法。受力较大的部位出现裂纹时，应采用焊接法。在没有水压机的情况下，可用自来水及气泵配合检查。检查时，将水注入气缸体和气缸盖水套内，然后充入压缩空气，通过液体的渗漏可确定裂纹的部位。注意：检查时应在充气软管和缸体水管接头处装单向闸门，以防水、气倒流。每次镶完气缸套、气门座圈及气门导管后应再进行一次水压试验。

5. 气缸磨损检测

1) 测量部位

选用适当量程的量缸表，按图 4.9 所示的部位和要求进行测量，即在气缸体上部距气缸上平面 10 mm 处、气缸中部和气缸下部距缸套下部 10mm 处三点，按 A、B 两个方向分别测量气缸的直径。

2) 磨损程度衡量指标

一般车型的磨损程度用圆度、圆柱度两个指标衡量。轿车采用标准尺寸与气缸最大尺寸的差值来衡量。

3）测量气缸的方法

(1) 气缸圆度测量。选择合适的测杆，并使其压缩1～2mm以留出测量余量。将测杆伸入气缸中，微微摆动表杆，使测杆与气缸中心线垂直，量缸表指示最小读数，即为正确的气缸直径。用量缸表在所测部位 A 向（垂直于曲轴方向）测量岀气缸直径，旋转量缸表表盘，使"0"位刻度对准大表针。然后，将测杆在此横截面上旋转90°，此时表针所指刻度与"0"位刻度之差的1/2即为该截面的圆度误差。在①、②、③三个截面测出三个圆度值，其中最大的圆度值即为该缸的圆度误差。

(2) 气缸圆柱度测量。用量缸表在截面①处 A 向测量并找出正确直径位置。旋转表盘，使"0"刻度对准大指针。然后，依次测出其他五个位置的数值偏差，取五个数值中最大值的1/2作为该气缸的圆柱度误差。

(3) 气缸磨损尺寸测量。一般发动机最大磨损尺寸在前后两缸的上部，应重点测量这两缸。测量时，用量缸表在截面 A 向测量并找出正确气缸直径的位置。旋转表盘，使"0"刻度对准大指针，并注意观察小指针所处位置。取出量缸表，将测杆放置于千分尺的两测头之间，旋转千分尺的活动测头，使量缸表的大指针指向"0"，且小指针处于原来的位置（在气缸中所指示的位置）。此时，千分尺的尺寸即为气缸的磨损尺寸，按此找出该发动机气缸的最大磨损尺寸。帕萨特轿车发动机测量数据与标准尺寸偏差大于0.08mm时，需进行镗削。

一般发动机气缸圆度、圆柱度偏差技术标准：汽油机圆度为0.05mm，圆柱度为0.20mm；柴油机圆度为0.063mm，圆柱度为0.25mm。

6. 气缸修理级别（尺寸）的确定

气缸磨损超过允许限度后或缸壁上有严重刮伤、沟槽和麻点时，应将气缸按修理级别镗削修理，并选配与气缸修理尺寸相符合的活塞及活塞环。气缸修理尺寸可按下式进行计算：

$$修理尺寸＝气缸最大磨损直径＋镗磨余量$$

式中，镗磨余量一般取0.10～0.20mm。计算出的数值再与修理尺寸相对照，若计算出的数值与某一修理级数的修理尺寸相符，可按该级数修理；若与修珲级数不相符，应圆整到下一个修理级数，以选出合适的修理级别。

7. 注意事项

(1) 有时气缸的圆度误差和圆柱度误差都没有超过规定，但气缸上有严重沟道、拉痕或麻点，也应采取镗缸修理。

(2) 实践证明多数发动机前后两缸磨损最为严重，因此量缸时可根据气缸磨损情况重点地测量前后两缸。

(3) 若任何一只气缸超过极限值，应全部进行加工（即镗缸或镶套）。

4.3 配气机构检修

配气机构的结构如图4.16所示。气门不可修整，仅能研磨，其结构尺寸如图4.17和

表 4-7 所示。

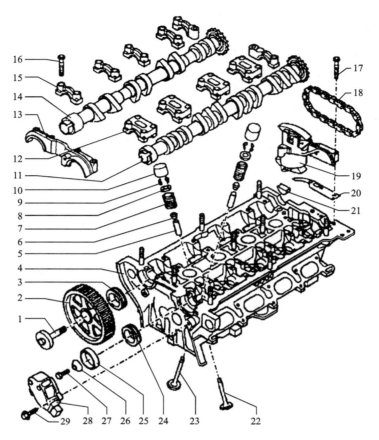

图 4.16 配气机构零件分解图

1—螺栓（65N·m）；2—凸轮轴正时带轮；3、24—油封；4—气缸盖；5—气门导管；6—气门杆油封；
7—气门弹簧；8—气门弹簧座；9—气门锁块；10—液压挺杆；11—进气凸轮轴；
12—进气凸轮轴轴承盖；13—双列轴承盖；14—排气凸轮轴；15—排气凸轮轴轴承盖；
16、17、20—螺栓（10N·m）；18—传动链；19—金属/橡胶衬垫；
21—密封堵塞；22—排气门（内注钠）；23—进气门；25—霍尔传感器转子；
26—垫圈；27—螺栓（25N·m）；28—霍尔传感器（G40）；29—螺栓（10N·m）

表 4-7 气门尺寸

尺寸	进气门	排气门
ϕa/mm	26.80～27.00	29.80～30.00
ϕb/mm	5.95～5.97	5.94～5.95
c/mm	80.84～105.34	79.64～80.14
α/(°)	45	45

维修配气机构后，应慢慢将曲轴转动两圈，保证起动发动机讨不接触活塞。安装新液压挺杆后，30min 后才可起动发动机，气门补偿元件就位，否则气门将碰触活塞。

1. 凸轮轴轴向间隙检查

测量时，先拆掉液压挺杆、链轮端的轴承盖、凸轮轴带轮端的双列轴承盖，用千分表支架将千分表安装在缸盖上，如图 4.18 所示。进、排气凸轮轴的轴向间隙最大值为 0.20mm。

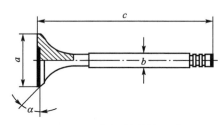

图 4.17　气门的结构尺寸

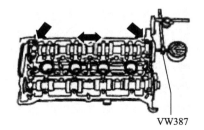

图 4.18　检查凸轮轴轴向间隙

2. 液压挺杆检查

发动机起动时，不规则气门噪声属正常现象。

起动发动机，运转至冷却液大约 80℃，将转速提高至 2500r/min，运转 2min，如需要，进行道路试验。

若不规则气门噪声消失后，短期内再次出现则须更换机油安全阀，安全阀位于机油滤清器支座内。若液压挺杆仍有噪声，则检查是否有损坏的挺杆。

液压挺杆检查。拆卸气缸盖罩、用曲轴正时带轮的中心紧固螺栓顺时针转动曲轴，直至待查挺杆的凸轮朝上，测定凸轮与挺杆的间隙。

如图 4.19 所示，用一楔形木棒或塑料棒压下挺杆，若凸轮与挺杆间可插入 0.20mm 的塞尺，则须更换挺杆。

3. 气门导管检查

气门导管的检查。将气门插入导管内，直至气门杆端部与导管端面平齐。因气门杆直径略有不同，进、排气门应装入各自的导管内，如图 4.20 所示，晃动气门头部，测量进、排气门与导管的间隙，其磨损极限均为 0.80mm。如果所测值超过磨损极限，应换上新气门再次测量。如果还超差，则须更换气门导管。

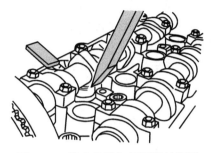

图 4.19　检查凸轮与挺杆间的间隙

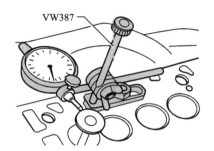

图 4.20　检查气门与导管间的间隙

4. 气门座研磨

修理气门漏气的发动机时，仅研磨气门座及更换气门不足以解决问题，同时还须检查导管是否磨损，这对使用时间长的发动机尤为重要。气门座修整到贴合状态良好即可，修整前须计算出最大允许修整尺寸。若超过修整尺寸，则不能保证液压挺杆正常工作，应更换气缸盖。

（1）计算最大允许修整尺寸。插入气门，紧压在气门座上。若气门本身需要换，则用新气门进行计算。

测量气门杆端部至凸轮轴中心轴线的距离，凸轮轴中心轴线与气缸盖顶面平行。所测得的距离减去最小尺寸（外侧进气门34.0mm，中间进气门33.7mm，排气门34.0mm）就等于最大允许修整尺寸，如图4.21和表4-8所示。

表4-8 气门座修理尺寸

气门座	进气门座	排气门座
a	$\phi 26.2$mm	$\phi 29.0$mm
b	最大允许修整尺寸	最大允许修整尺寸
c	1.5~1.8mm	约1.8mm
Z	缸盖底面	缸盖底面
α（气门座锥角）/（°）	45	45
β（上修正角）/（°）	30	30
γ（下修正角）/（°）	60	60

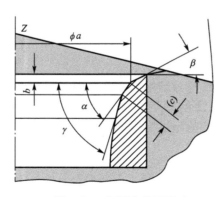

图4.21 气门座修理尺寸

如果最大允许修整尺寸等于或小于0，则换一新气门并再次测量。若测量结果仍等于或小于0，则应更换缸盖。

（2）修整气门座。气门座的修整尺寸如图4.21所示。

5. 凸轮轴正时调节检查

凸轮轴的正时调节与负荷和转速有关。借助于凸轮轴正时调节电磁阀通向凸轮轴正时调节器（机械式调节器）上的油压变化，从而调整凸轮轴的正时。

1）触发情况检查

通过最终控制诊断来检查凸轮轴正时调节电磁阀的触发情况。如果电磁阀触发正常，则进行下一步，检查电磁阀。

2）电磁阀检查

测量电磁阀触头之间的电阻，如图4.22所示，正常值应为10~18Ω。如果电磁阀没有故障，则进行下一步检查。

3）凸轮轴正时调节器功能检查

测试时应保证冷却液温度在80℃以上。测试的仪器必须放置在后座位，否则测试仪器有可能使安全气囊打开而发生意外。

（1）接通故障诊断仪 V.A.G1551。起动发动机，选择"地址01"发动机电子控制。屏幕显示：

```
快速数据传输帮助
功能选择
```

（2）按下"读测量数据组"功能键0和8，并用Q键确认。屏幕显示：

```
读测量数据组帮助
输入显示组号
```

（3）按下"显示组号26"功能键0、2和6，并用Q键确认。屏幕显示：

```
读测量数据组      →
1    2    3    4
```

（4）观察显示区3中的显示。凸轮轴正时调节器没有被激活，发动机怠速时标准值为××0；从第一挡开始快速加速，转速高于4100r/min时凸轮轴正时调节器被激活，其标准值为××1。

（5）观察显示区4中的显示。

（6）按下→键，按0和6结束输出，并用Q键确认。关闭点火开关。

（7）如果显示区4显示的值在标准值范围以外，可能有如下故障：

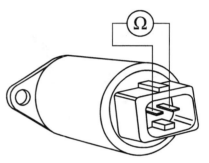

图4.22　检查电磁阀端子电阻

凸轮轴正时调节器电磁阀在机械式凸轮轴正时调节器还没有达到终止位置时关闭了其油压（如太紧或局部咬死），那么需要更换凸轮轴正时调节器。如果仍达不到标准值，则需更换发动机控制单元。

4.3.1　进气系统部件检修

1. 空气滤清器检修

空气滤清器的功能是滤除流向进气通道空气中的尘土、沙粒及吸收空气中的水分，以减少气缸、活塞和活塞环的磨损。此外，空气滤清器也有削减进气噪声的作用。因此，对空气滤清器的基本要求是滤清能力强、进气阻力小、维护周期长、价格低廉。

空气滤清器如图4.23所示，目前新型轿车上使用的是纸质干式空气滤清器，纸质干式空气滤清器的滤芯是由经过树脂处理的微孔滤纸制成的，具有滤清效果好、维护方便等特点。因车型不同，其结构形状有所区别，但其维护方法是基本相同的。在对其进行维护时，应遵照汽车制造厂规定的使用里程进行，在沙尘程度较大的地区维护间隔应相应缩短。

图4.23　空气滤清器

空气滤清器维护时,应将滤芯拿到室外,用压缩空气从滤芯内侧向外吹气,同时转动滤芯,并使吹管沿滤纸折痕方向移动,彻底吹掉滤芯中积存的灰尘。吹洗时,注意不要使吹管离滤纸太近,以免吹破滤纸;也不要用敲打滤芯的办法来清除灰尘,这样会使滤芯损坏或变形。滤芯外部的污物可以用干抹布擦去,滤清器壳体表面及密封安装平面上的尘土,用干净的湿抹布即可擦拭干净。

2. 节气门检修

节气门如图 4.24 所示,节气门是用来控制空气进入发动机的一道可控阀门,通过调整其开度的大小,可控制进入气缸的可燃混合气的数量。节气门是当今电喷发动机系统最重要的部件,它的上部是空气滤清器,下部是发动机缸体。由于节气门开启的缝隙空气流量最大,空间小,气体温度也低,这部分最容易凝结杂质,因此需要根据一定的周期对其进行清理。如果节气门因杂质造成堵塞,发动机将因进气量不足造成熄火及怠速不稳。

图 4.24 节气门

在清洗节气门时,首先要拆除进气歧管,露出节气门,拆掉蓄电池负极,关闭点火开关,把节气门翻板扳直,往节气门内喷少量清洗剂,然后用涤纶抹布小心擦洗节气门深处,手够不着的地方可以用夹子夹住抹布小心擦洗。

清洗完毕以后,再按照与拆卸相反的程序装好,装好后就要开始节气门的初始化。因为 ECU 调节节气门开度的时候,是有记忆功能的,为了保证进气量,ECU 会自动调节节气门的开度,让进气处于正常状态。

3. 进气歧管检修

对于电控汽油喷射式发动机,进气歧管指的是节气门体之后到气缸盖进气道之前的进气管路。它的功用是将空气、燃油混合气由节气门体分配到各缸进气道。之所以称为歧管,是因为空气进入节气门后,经过歧管缓冲后,空气流道就在此分歧了,对应发动机气缸的数量,如四缸发动机就有四道,五缸发动机则有五道,将空气分别导入各气缸中。

进气歧管必须将空气燃油混合气或洁净空气尽可能均匀地分配到各个气缸,为此进气歧管内气体流道的长度应尽可能相等。为了减小气体流动阻力、提高进气能力,进气歧管的内壁应较光滑。

进气歧管的材料现在主要有两种:一种是铝合金式,如图 4.25(a)所示,具有质量小、强度高的特点,但有一点,铸造的时候毛坯比较粗糙,进气管内壁不平,对进气量影响较大;另一种为塑料式,如图 4.25(b)所示。塑料式进气歧管不仅质量小,而且由于内壁光滑,可改进气体流动性,提高气体流量,进气效率高,隔热效果好,因而能提高发动机性能和燃料利用率,在中高档车型上使用较多。

进气歧管的外观检修:检查进气歧管有无机械损伤、裂纹、漏水、漏气、腐蚀等现象;检查进气歧管接合平面上有无划痕、损伤而发生漏气、漏水现象;检查进气歧管有无严重的变形;检查进气歧管上的螺纹孔的螺纹有无损伤、脱扣,螺柱有无松动和晃动的现象。

进气歧管与气缸盖进气侧接合平面平面度的检修:

要求:进气歧管与气缸盖进气侧接合平面度最大极值为 0.1mm。

(a) 铝合金式　　　　　(b) 塑料式

图 4.25　进气歧管

检查：直尺和塞尺检查接合面的平面度。

修理：进气歧管的平面度若超过最大值规定，应予以修理。可用铣削的加工方法进行，但铣削量不得大于 0.3mm，否则，应更换进气歧管。

4.3.2　排气系统部件检修

排气系统主要作用是排放废气、降低污染、消减噪声等，其主要由排气歧管、排气管、排气消声器、尾管等组成。

1. 排气歧管检修

一般排气歧管由铸铁或球墨铸铁铸造或由不锈钢制成，如图 4.26 所示。不锈钢排气歧管具有质量小、耐久性好、内壁光滑、排气阻力小的特点，因此近些年来被广泛采用。为了不使各缸排气相互干扰及不出现排气倒流现象，并尽可能地利用惯性排气，应该将排气歧管做得尽可能地长，而且各缸支管应该相互独立、长度相等。

1）外观检查

排气歧管的外观检查主要是检查其外表面上有无机械损伤、裂纹、漏气、腐蚀、变形等缺陷，不能满足使用要求的，应予以更换。

2）与气缸盖排气侧接合平面的平面度检修

要求：排气歧管与气缸盖排气侧接合平面平面度最大极限为 0.1mm。

检查：用直尺和塞尺检查接合平面的平面度。

修理：排气歧管的平面度若超过最大极限值的规定，应予以修理。可用铣削加工方法进行，但铣削量不得大于 0.3mm；否则，应更换排气歧管。

图 4.26　不锈钢排气歧管

2. 排气消声器检修

发动机的排气压力为 0.3～0.5MPa，温度在 500～700℃，同时，由于排气的间歇性，在排气管内引起排气压力的脉动。若将发动机排气直接排放到大气中，将产生强烈的、频谱比较复杂的噪声，其频率从几十赫兹到一万赫兹以上。排气消声器的功用是降低排气噪声。消声器通过逐渐降低排气压力和衰减排气压力的脉动，使排气能量耗散殆尽。

排气消声器由外壳、多孔管及隔板组成。典型的排气消声器构造如图4.27所示。

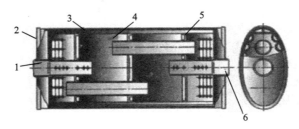

图 4.27 排气消声器

1—进气入口；2—外隔板；3—外壳；4—内壳；5—内隔板；6—排气出口

废气进入多孔管后，再进入多孔管与外壳间的滤声室，在这里受到反射并膨胀冷却，又经过多次与内壁碰撞消耗能量，使废气温度、压力、流速都显著降低，从而消减了排气噪声，消除火焰及火星。为了有效地降低轿车排气噪声，当代轿车大多采用几个消声器串联。

1) 外观检查

（1）检查连接盘处是否有漏气现象；连接盘处的密封圈、密封垫是否有损坏现象。

（2）检查消声器总成的排气管、连接管和消声筒等处有无机械损伤、严重锈蚀、脱焊、漏气等现象。

（3）检查消声筒内有无异常的响声。

若有上述不良现象应更换零件，保证消声器总成的正常工作。

2) 消声器总成管、筒内壁上积炭的清除方法

（1）用铁条或旋具轻轻刮排气管内壁上的积炭，逐点清理干净。

（2）用木棒轻轻敲打消声筒，使其筒内的积炭脱落，并将积炭倒出来。

（3）积炭严重而不易清理干净时，可放在火中烧，把油污烧净，积炭烤干后用木棒敲击管、筒，将积炭振落，并清理干净。

（4）清理后的消声筒，应用汽油或煤油清洗干净再进行分配。

4.4 润滑系统检修

润滑系统的结构如图4.28～图4.30所示。修理发动机润滑系统时，若在机油里发现大量金属屑或颗粒，这可能是曲轴和连杆轴承损坏造成的，此时必须仔细清洗机油油道，更换机油滤清器，否则将可能会严重损坏发动机。机油油位切勿超过"max"标记，否则可能损坏催化转化器。如有必要，抽取多余的机油，操作时可从机油标尺导向管内拔掉导向漏斗。

4.4.1 润滑系统检查

1. 机油油位检查

（1）起动发动机暖机直至机油温度高于60℃，将发动机熄火，并使汽车停在水平路面

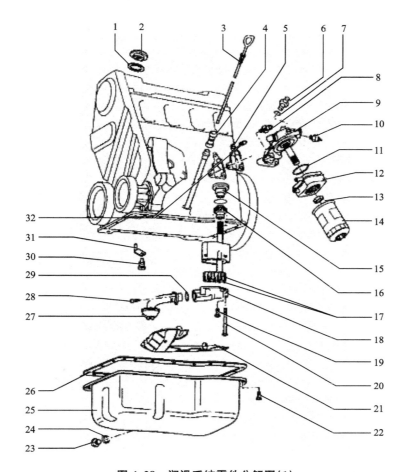

图 4.28 润滑系统零件分解图(1)

1—密封垫片;2—加油口盖;3—机油标尺;4—机油标尺导管口;5—机油滤清器支架垫片;
6—螺栓(30N·m);7、24—密封圈;8—螺栓(25N·m);9—机油滤清器支架;
10—1.4bar(1bar=10^5Pa)机油压力开关(F1)(25N·m);11、29—O形圈;12—机油冷却器;
13—螺栓(25N·m);14—机油滤清器;15—密封盖;16—驱动齿轮;17—齿轮;
18—带泄压阀的机油泵盖;19、28—螺栓(10N·m);
20—螺栓(25N·m);21—挡油板;22—螺栓(15N·m);
23—放油螺栓(30N·m);25—油底壳;26—油底壳垫片;27—吸油管;
30—泄压阀(27N·m);31—机油喷嘴;32—止回阀(5N·m)

上。等待数分钟,待机油回流至油底壳后才可进行下面的步骤。

(2)拔出机油标尺,用干净布擦净标尺后重新插入。再次拔出机油标尺,读取油位。机油标尺上的油位标记如图4.31所示,其中a表示不可加机油;b表示可加注机油,加注后油位可达a区;c表示必须加注机油,使油位达到区域b以上a以下某一位置即可。

2. 机油质量检查

出厂时发动机内已加注优质稠化机油,该机油除极端寒冷的气候环境外可全年通用。帕萨特B5必须使用API.SF或API.SG(仅当规定机油无货时才可使用该类机油)级的

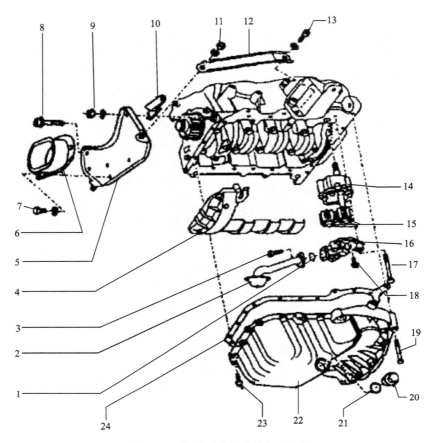

图 4.29 润滑系统零件分解图(2)

1—O形密封圈；2—进油管；3、18、23—螺栓(10N·m)；4—隔板；5、10—支架；
6—隔套；7、8、17—螺栓(25N·m)；9、11—螺母(25N·m)；
12—纵向支撑；13—螺栓(20N·m)；14—机油泵壳体；15—齿轮副；16—带限压阀的机油泵盖；
19—螺栓(45N·m)；20—放油螺塞(50N·m)；21—密封圈；22—油底壳；24—油底壳衬垫

润滑油。根据图4.32所示的温度选用机油黏度，A区为优质稠化机油。

3. 机油压力开关及机油压力检查

(1) 检查机油压力开关及机油压力时应满足以下条件：

① 机油油位正常。

② 点火开关打开后，机油压力警告灯必须亮。

③ 自动检查系统的显示屏必须显示"OK"。

④ 机油温度约为80℃。

(2) 机油压力开关检查。断开机油压力连接导线，拧下机油压力开关，并装上机油压力检测仪V.A.G1342(图4.33)，将机油压力开关2装到V.A.G1342上，检测仪棕色导线1接地。将二极管测试灯V.A.G1527连接到机油压力开关及蓄电池正极，测试灯应不亮。若测试灯亮，则须更换机油压力开关。起动发动机，压力达120～160kPa时测试灯应亮。若测试灯不亮，则须更换机油压力开关。

汽车发动机检修 第4章

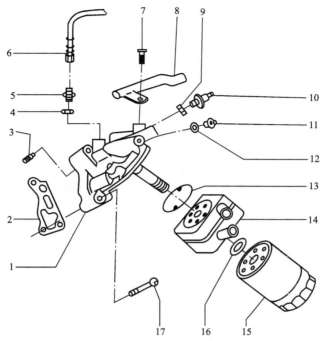

图4.30 润滑系统零件分解图(3)

1—机油滤清器支座;2、4、13—衬垫;3—旁通阀;5—螺纹接头(30N·m);6—供油管;
7—螺栓(1N·m);8—底部冷却液管;9、12—密封垫;10—机油压力开关(25N·m);
11—机油温度传感器(10N·m);14—机油冷却器;15—机油滤清器;
16—螺母(25N·m);17—螺栓(25N·m)

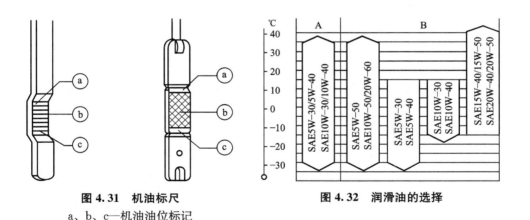

图4.31 机油标尺
a、b、c—机油油位标记

图4.32 润滑油的选择

(3) 机油压力检查。断开机油压力开关连接导线,拧下机油压力开关,并装上机油压力测试仪 V.A.G1342,如图4.33所示。将机油压力开关装到 V.A.G1342 上。

起动发动机,待机油温度达到正常温度时,急速时机油压力应为 100～250kPa,3000r/min 时机油压力为 300～500kPa。若未达到上述规定值,应更换带限压阀的滤清器支座或机油泵。

131

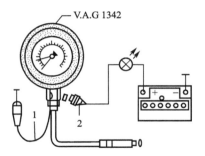

图 4.33 检测机油压力开关和机油压力
1—棕色导线　2—机油压力开关

4.4.2 机油泵检修

1. 机油泵拆卸

（1）拆下油底壳。

（2）用装配吊架顶起副车架。如图 4.34 所示，首先拆下副车架前端紧固螺栓 2 和 3，然后拧下螺栓 4（螺栓 1 在拆卸油底壳时已经被拧下）。

（3）如图 4.35 所示，将变速器右侧悬置的后侧螺栓 2 拧松几圈；拧下变速器右侧悬置的前端螺栓 1。拧松变速器左侧悬置的螺母，如图 4.36 所示，直至其与螺栓端部平齐。

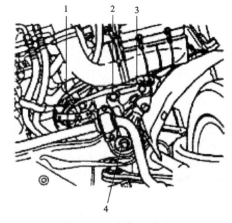

图 4.34 拆卸副车架
1~4—螺栓

图 4.35 拧松变速器右侧悬置的螺栓
1、2—螺栓

（4）利用装配吊架慢慢降下副车架，移出装配吊架。

（5）向下摆动防侧倾稳定杆，如图 4.37 所示，松开箭头所指的螺栓。向下压副车架，拆下机油泵。

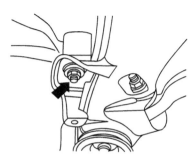

图 4.36 拧松变速器左侧悬置的螺栓

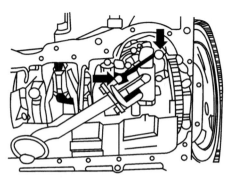

图 4.37 拆卸机油泵

2. 机油泵检查

如图 4.38 所示，检查机油泵齿隙。新泵的齿隙为 0.05mm，齿隙的磨损极限为 0.20mm。如图 4.39 所示，检查机油泵轴向间隙。轴向间隙磨损极限为 0.15mm。

图 4.38　检查机油泵齿隙

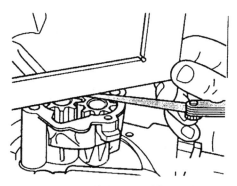
图 4.39　检查机油泵轴向间隙

3. 机油泵安装

按与拆卸相反的顺序安装机油泵。安装时，机油泵与缸体连接螺栓的拧紧力矩为 25N·m。

4.5　冷却系统检修

当发动机热机时，冷却系统是有压力的，如果需要进行修理，要先释放压力。软管接头都用弹簧卡箍进行紧固，修理时也用弹簧卡箍紧固，推荐使用水管钳来安装弹簧卡箍。在安装时要保证冷却液软管的松弛，不要让其与其他结构部件相接触，并注意冷却液和软管连接的标记。每次拆卸冷却系统的零部件后，要更换所有衬垫及密封件。

帕萨特 B5 冷却系统的结构如图 4.40～图 4.43 所示。

4.5.1　冷却液排空加注

1. 冷却液排空

将放出的冷却液收集在干净容器内，以便再次使用或处理。

打开冷却液膨胀水箱。热车时应注意，打开膨胀水箱盖时会喷出炽热蒸汽，因此应用布包住盖子，慢慢开启。

按照发动机从车上拆下的步骤进行操作，放出发动机冷却液。

2. 冷却液加注

冷却系统全年都需要加注水和防冻防腐剂组成的混合冷却液。冷却液添加剂能防止冻坏、锈蚀及形成水垢，还可提高冷却液的沸点。基于上述原因，冷却系统一定要全年加注防冻防腐冷却液，特别是在热带气候地区，冷却液的高沸点可保证发动机在高负荷时运行

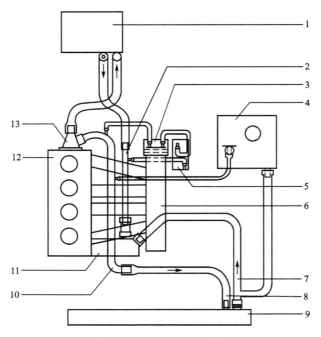

图 4.40 冷却系统示意图

1—热交换器；2—底部冷却液管；3—节气门控制单元；4—膨胀水箱；5—机油冷却器；
6—进气歧管；7—下冷却液软管；8—上冷却液软管；9—散热器；10—顶部冷却液管；
11—冷却液泵/节温器；12—气缸盖/缸体；13—管接头

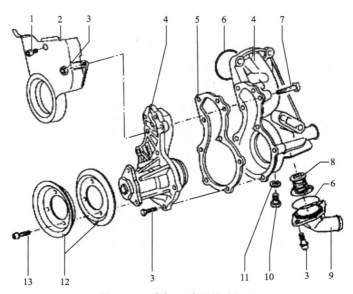

图 4.41 冷却系统零件分解图

1—螺栓(20N·m)；2—正时带下护罩；3—螺母(10N·m)；4—水泵(冷却液泵)；5—衬垫；
6—O形密封圈；7—锤头螺栓；8—节温器；9—管接头；10—放液螺塞(30N·m)；
11—油封；12—多楔带轮；13—螺栓(25N·m)

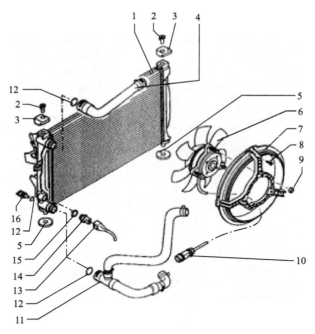

图 4.42 车身旁的冷却系统部件

1—散热器；2—固定夹；3—固定橡胶；4—上部冷却液软管；5—橡胶垫；6—冷却风扇(V7)；
7—风扇罩壳；8—紧固螺栓；9—螺栓(10N·m)；10—双头插式接头；11—下部冷却液软管；
12—O形圈；13—连接插头；14—散热风扇(F18)的热敏开关(35N·m)；
15—密封圈；16—排水螺栓(10N·m)

的安全性。

若更换散热器，热交换器、缸盖或缸盖衬垫，则原来的冷却液不允许再使用。

冷却系统容量约为 7L，冷却液混合比例如表 4-9 所示。在炎热季节内也不可加纯水降低冷却液浓度。防冻添加剂的比例不得低于 40%。若在极度寒冷的环境，欲提高防冻液防冻能力，可适当提高防冻添加剂的比例，但比例最多不可超过 60%（防冻能力可达 -40℃），超过 60%，反而会降低防冻能力及冷却效果。

表 4-9 冷却液混合比例

防冻能力/℃	防冻添加剂比例/(%)	添加剂量/L	水量/L
-25	40	3.0	4.0
-35	50	3.5	3.5

(1) 安装底部冷却液软管并紧固。更换 O 形密封圈，安装水泵(冷却液泵)放液螺塞，其拧紧力矩为 30N·m。将管接头 V.A.G1274/8 拧到膨胀水箱上，如图 4.44 所示。将漏斗 V.A.G1274/10 装到管接头上。若加注时无专用工具，则应拆下膨胀水箱并抬高约 100mm。

(2) 松开固定在热交换器接头上的防尘套卡箍，向后拉防尘套。松开热交换器上的冷

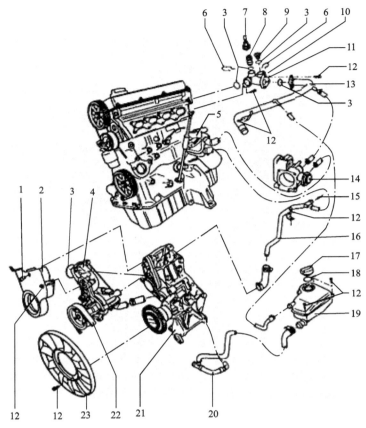

图 4.43 发动机部分冷却系统部件

1—螺栓(20N·m)；2—同步带下部防护罩；3、18—O形圈；4—水泵；5—机油冷却器；
6—保持夹；7—连接插头；8—冷却液温度传感器(G62)；9—塞子；10—通向热交换器；
11—连接管；12—螺栓(10N·m)；13—上部冷却液管；14—节气门控制单元；15—从热交换器来；
16—下部冷却液管；17—塞盖；19—膨胀箱；20—下部冷却液软管；
21—组合支架；22—驱动带；23—风扇叶轮

却液软管，向后拉软管，直到气孔（如图 4.45 箭头所示）不再被接头封住。加注冷却液，直至冷却液软管的通气孔中流出冷却液。将软管推到接头上并紧固，盖上膨胀水箱盖。

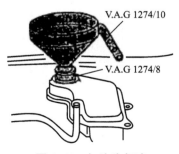

图 4.44 加注冷却液

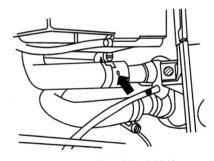

图 4.45 松开冷却液软管

(3) 起动发动机，以 2000r/min 的转速运转约 3min，然后让发动机以怠速运转，直至散热器上的下软管变热。检查冷却液液位，如需要，加注冷却液。发动机以正常温度工作时，液位必须处于标记处；发动机处于冷态时，液位应在"min"和"max"两标记之间。

4.5.2 冷却系统密封性检查

冷却系统密封性的检查必须在发动机处于工作温度时进行。但应注意，打开膨胀水箱盖时将会喷出炽热蒸汽，需注意安全。

1. 系统密封性检查

打开膨胀水箱盖，将测试仪 V.A.G1274 及管接头 V.A.G1274/8 接到膨胀水箱上（图 4.46），用测试仪的手动泵产生约 100kPa 的压力，若压力不能保持，则查找泄漏处，排除故障。

2. 加液口盖内的限压阀检查

将测试仪 V.A.G1274 及管接头 V.A.G1274/9 装到加液口盖上（图 4.47）。操纵手动泵，限压阀必须在 140～160kPa 时开启。

3. 节温器检查

将节温器浸于热水中检测，开启温度约为 87℃，全开温度约为 102℃（不可测试），开启行程至少 8mm。

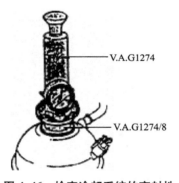

图 4.46 检查冷却系统的密封性

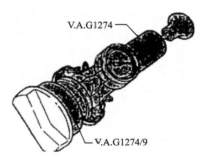

图 4.47 检查限压阀

4.5.3 水泵检修

1. 水泵总成的检查

水泵总成的检查程序是先进行总成的外部检查，如发现不合格，应拆检修理或更换水泵总成。外部检查合格者，应在试验台上按原厂规定进行规定转速下的压力和流量试验，合格的水泵可继续使用，不合格的应拆检修理或更换。

水泵总成的外部检查内容如下：

(1) 检查有无渗漏。水封失效时会有大量的冷却液从检视孔处流出。水泵壳体如有裂纹，也会发生渗漏。

(2) 检查带轮的转动和轴向、径向窜动量。用手转动带轮，应运转灵活，无卡滞现象。否则,泵轴可能弯曲或轴承浸水锈蚀。带轮的轴向和径向窜动量如果过大(轴向一般<0.30mm,径向一般<0.15mm),说明轴承、水泵轴或水泵壳体上的轴承座孔有较大的磨损。

2. 水泵的修理

现以东风EQ6100Q-1型发动机水泵(图4.48)为例说明水泵的一般修理过程。

1)水泵的分解

分解拆卸前,应了解水泵的结构特点,确定拆卸顺序和方法并选择工具。

(1) 拆下水泵盖和密封垫。

(2) 拆下水泵叶轮。

(3) 取出水封密封垫圈和水封总成。

(4) 拆下风扇带轮。

(5) 拆下凸缘盘、半圆键和轴承卡环。

(6) 自右向左将水泵轴及轴承组件压出。

(7) 取下水泵轴上的卡环和抛水圈,支承水泵轴承内圈端面,压出水泵轴。

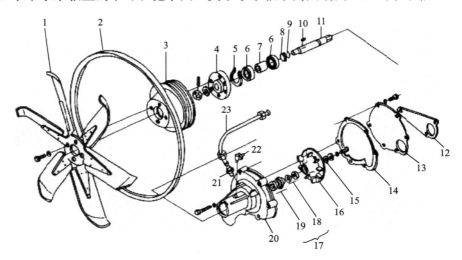

图4.48 东风EQ6100Q-1型发动机水泵及风扇

1—风扇总成;2—风扇带;3—带轮;4—带轮轮毂;5—轴承挡圈;6—球轴承;7—轴承隔离套;
8—抛水圈;9—水泵轴挡圈;10—半圆键;11—水泵轴;12、14、15—衬垫;13—水泵盖;
16—叶轮;17—水封总成;18—动环;19—静环;20—水泵壳体;21—管接头;
22—油环;23—小循环管

2)水泵零件的检修

(1) 水泵壳体和带轮的检修。水泵壳体与水泵盖接合面变形大于0.05mm,应予修平;水泵壳体有裂纹,应更换或焊修;轴承座孔磨损,应予报废。V形带轮的带槽底部如发现被带磨亮,应更换带轮,否则带易打滑。

(2) 水泵轴的检修。带张紧力过大会造成水泵轴弯曲,当弯曲度大于0.05mm时,应冷压校直;水泵轴与轴承配合处轴颈磨损,应予报废。轴端螺纹损坏应予修复或换新。

(3) 球轴承的检修。轴承滚道出现麻坑,或轴承的轴向间隙大于0.30mm,径向间隙大于 0.15mm，应予以更换。

(4) 水泵叶轮的检查。叶轮轴孔磨损或叶片等处"穴蚀"（因水中小气泡炸裂而在零件表面形成麻坑等局部缺损的现象称为穴蚀)严重时，应予报废。

(5) 水封更换。水封是水泵中的易损件，一般在拆修水泵总成时，都应更换。

3) 水泵的装配

水泵的装配按照与其拆卸时相反的顺序进行。其主要的装配要求如下：

(1) 水泵轴承与其承孔的配合，一般为－0.02～＋0.02mm，大修允许为－0.02～＋0.044mm。

(2) 水泵轴承与水泵轴的配合，一般为－0.010～＋0.012mm，大修允许为－0.010～＋0.03mm。

(3) 水泵轴与叶轮孔的配合，无螺纹固定的一般为－0.04～－0.02mm；有螺纹固定的一般为－0.01～＋0.01mm。

(4) 水泵叶轮装合后，一般应高出水泵轴 0.1～0.5mm。

(5) 水泵装合后，叶轮外缘与水泵壳体内腔之间的间隙一般为 1mm；叶轮与水泵盖之间应有 0.075～1.00mm 的间隙。

(6) 水泵壳体下方的检验孔和上方的通气孔应通畅。

(7) 各部螺栓、螺母应按规定的力矩拧紧，锁止应可靠。

(8) 水泵装合后，应对水泵轴承加注规定牌号的润滑脂。

4) 水泵的试验

(1) 水泵装合后，用手转动带轮，应转动灵活、无卡滞和擦碰现象。

(2) 将水泵装在试验台上按原厂规定压力和流量试验。

4.5.4 散热器检修

散热器的主要维修内容有清堵、焊漏和整形，以及冷却液冷却系统的密封检查。

1. 清堵

散热器的内部会因冷却液结垢而堵塞；散热器的外部，特别是散热片之间的缝隙处，会因杂物和尘土而堵塞。堵塞会使散热能力下降，影响发动机的正常工作。据介绍，在我国北方地区常因柳絮堵塞散热片而发生散热器"开锅"现象。

1) 散热器外部堵塞的清理

散热器外部堵塞一般采用机械疏通或用压缩空气、高压水流冲洗的方法清理。

2) 散热器内部堵塞的清理

为避免散热器内部结垢，要求使用"软水"作为冷却液。如条件不具备，应尽量使用雨水或河水，而不要使用含矿物质较多的井水，否则，极易在散热器内部形成积垢。

清洗水垢采用化学法，即利用酸或碱类物质与水垢的化学反应，使水垢变成可溶于水的物质而被清除。清洗时，最好采用循环法，即先用酸性溶液洗涤，然后再用碱性溶液冲洗和清洗时，清洗液以一定的压力（一般为 10kPa)在水套和散热器内循环，时间一般为 3～5min。

如果散热管内严重积垢，应拆去上、下水室，用通条进行机械疏通。

2. 焊漏

1）散热器渗漏的检查

如图 4.49 所示，将散热器注满水，用手推测试器，使压力达到 100kPa，观察压力是否下降及散热器外部有无漏水现象。

2）焊修

散热器的渗漏大多发生在冷却管及其与上、下水室的接合处。对于破损渗漏的冷却管可采用焊修或更换新管的方法进行修复。当采用焊修法时，对于散热器外层那些便于施焊的冷却管，可用锡焊法焊补；对于散热器内层的冷却管的渗漏，常采用把冷却管两端用焊锡堵死的方法。但被堵住的冷却管数不得超过总管数的 10%，因施焊而被切断的散热片的面积不得大于迎风总面积的 10%。

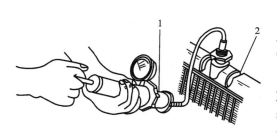

图 4.49　散热器渗漏的检查

1—测试器；2—散热器

焊修时通常使用如图 4.50 所示的乙炔加热器喷嘴。更换新管时使用如图 4.51 所示的电阻加热器。冷却管的更换工艺如下：

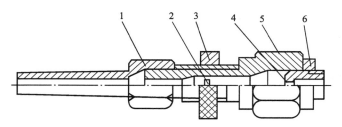

图 4.50　乙炔加热器喷嘴

1—外壳；2—空气孔；3—调节螺母；4—乙炔气喷口；5—喷嘴体；6—锁紧螺母

先用一根与冷却管内孔尺寸相适应的扁平铜条置于冷却管内，抽拉几次以清除水垢，然后将电阻加热器插入准备换掉的冷却管内，如图 4.51 所示。接通 24V 电源，约 1min 后，冷却管外面的焊锡熔化，即可将电阻加热器和冷却管同时抽出，切断电源，待冷却后抽出电阻加热器。将表面挂有焊锡的新冷却管插入孔内，并将散热片整理好，然后将电阻加热器插入新管内并通电加热。待冷却管表面的焊锡熔化后，即切断电源，待焊锡凝固后，取出电阻加热器。

当渗漏轻微时，还可采用与水的比例为 1∶20 的散热器堵漏剂就车进行修补。

3）整形

散热器常因意外的机械碰撞而造成储水室塌陷和散热片倒状变形。储水室塌陷变形的修复方法如图 4.52 所示，在凹坑的底部焊一钩环，在向外拉扯的同时，用小锤轻击凹坑四周，使外形复原后，再将钩环解焊。对于倒状变形的散热片，常使用如图 4.53 所示的工具将其梳理扶正。

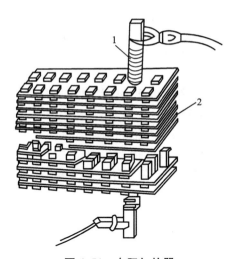

图 4.51 电阻加热器
1—电阻加热器；2—散热器

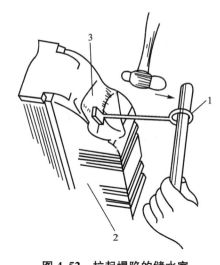

图 4.52 拉起塌陷的储水室
1—钩环；2—散热器储水室；3—塌陷部位

4.5.5 节温器检修

节温器的检修方法：使用如图 4.54 所示的温度可调式恒温加热设备检查节温器主阀门的开启温度、全开温度及升程，若其中有一项不符合规定值，则应更换节温器。

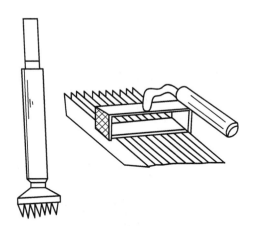

图 4.53 梳理散热片的工具

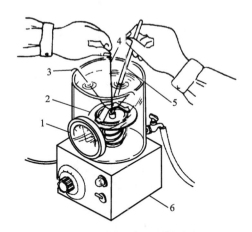

图 4.54 蜡式节温器的检查
1—温度计；2—节温器；3—金属挂钩；
4—牵线；5—搅棒；6—加热炉

4.6 汽油供给系统检修

由于汽油系统是有压力的，因此在打开系统之前要先在开口处放置抹布，然后小心地松开接头以放出压力汽油。

无论油箱满与否，在拆卸和安装汽油量指示器或者汽油泵（汽油输送装置）时都要注意，在开始工作以前，必须在汽油箱的装配开口处附近放置一个打开的排气收集装置来收集汽油蒸气。如果没有排气收集装置，也可以使用换气量在 $15m^3/h$ 以上的排风扇（发动机放在出风口）。

在对汽油供给系统/汽油喷射系统进行维修工作时要遵循以下关于清洁的规定：

（1）在打开系统之前要彻底地清洁连接处及其周围部分。

（2）将拆下的零件放置在干净的地方并覆盖。不要使用带纤维的布。

（3）如果不能立即进行修理工作，则应将开口处覆盖住或连接上。

（4）只能安装清洁的零部件，更换零部件时只能在更换安装之前除去包装，不能使用没有包装的（如工具箱中的）零部件。

（5）当系统打开时，避免使用压缩空气，避免移动车辆。

4.6.1 汽油泵检修

1. 汽油泵功能检查

（1）拆下行李箱内的铺垫。

（2）短促起动发动机，应该能够听到汽油泵运转的声音。关闭点火开关。

（3）如果汽油泵不运行，拆下前熔丝盒的盖板，将 28 号熔丝从熔丝盒中拔下，将遥控器 V.A.G 1348/3A 用转接器导线 V.A.G 1348/3-2 接到汽油泵触点 28a 和蓄电池正极上，如图 4.55 所示。按下遥控器按钮，如果汽油泵运转，进入步骤（4）；如果汽油泵不运转，进入步骤（5）。

（4）检查并排除汽油泵继电器故障。

（5）从汽油箱盖法兰上拔下 4 针插头。

（6）用辅助导线 V.A.G 1594 将二极管检测灯 V.A.G 1527 连接到插头外部触点上，如图 4.56 所示。按下遥控器按钮，发光二极管应该发亮。如果发光二极管不亮，根据电路图查找并排除断路故障。如果发光二极管发亮，则说明电源正常。

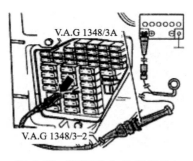
图 4.55　连接 V.A.G 1348/3A

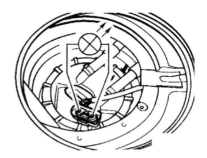
图 4.56　连接发光二极管

（7）用专用扳手拧下紧固螺母，检查法兰和汽油泵之间的导线是否连接好。如果没有发现断路情况，则说明汽油泵有故障，应修理或更换。

2. 汽油泵供油量检查

（1）从汽油加油套管处取下盖子，拆下进气歧管盖。

（2）如图 4.57 所示，打开箭头处所指的螺纹连接件，并用一块抹布收集流出的汽油。

（3）用转接器 V.A.G1318/12 将压力表 V.A.G1318 接到进油管上，将软管 V.A.G1318/1 插入压力表的连接器 V.A.G1318/11，并把油管插入量杯中，打开压力表的截止阀，手柄转向流通方向 A，如图 4.58 所示。按下遥控器 V.A.G 1348/3A 的按钮，缓慢关闭截止阀直到压力表上显示 3bar 的压力，然后保持这一位置。

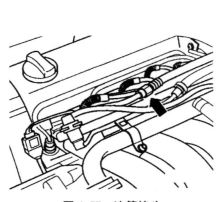

图 4.57 油管接头

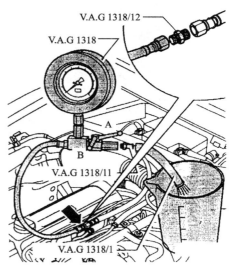

图 4.58 检查汽油泵供油量

（4）排空量杯，由于汽油泵的供油量与蓄电池电压有关，因此将万用表用辅助导线 V.A.G 1594 连接到汽车的蓄电池上。操作遥控器 30s 后测量蓄电池电压。

（5）将供油量与图 4.59 所示标准值比较。

例如，在测试期间测量得到的蓄电池电压为 12.2V。若汽油泵电压比蓄电池电压约低 2V，则最小供油量应为 550cm^3/30s。如果没有达到最小供油量，检查汽油管道是否弯曲或阻塞。如果汽油管正常，进行下面的检查。

（6）从汽油滤清器上拔下进油管，如图 4.60 所示，用转接器将压力表接到软管上，重新检查供油量。如果达到了最小供油量，更换汽油滤清器。如果还未达到最小供油量，则进行下面的检查。

（7）拆下汽油输送装置，检查吸油网是否阻塞。

（8）当无法确定故障时，说明汽油泵有故障，维修或更换汽油泵。

（9）如已经达到了规定的供油量，按下列步骤检查汽油泵的电流消耗。

（10）将松开的汽油管重新连接，拆下行李箱内的铺垫。

（11）用电流钳将万用表 V.A.G1715 连

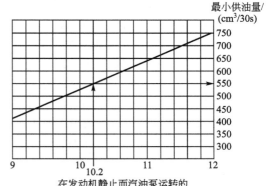

图 4.59 汽油泵供油量标准

接到导线束的绿/黄导线上，如图4.61所示。

（12）起动发动机，急速运转。测试汽油泵的电流消耗，标准值最大为8A。如果汽油系统的故障是间歇的，可以通过试车来进行检查。如果电流超出范围，说明汽油泵有故障，维修或更换汽油泵。

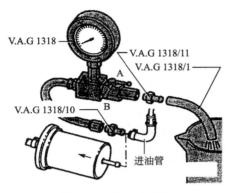 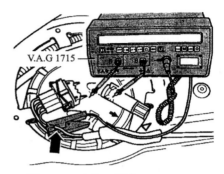

图4.60 拔下进油管　　　　　　　　图4.61 连接万用表V.A.G1715

3. 汽油泵止回阀检修

（1）关闭压力表的截止阀，如图4.60所示，手柄位于位置B。

（2）短促接通遥控器，直到建立起约3bar的压力。压力太高时可以通过小心打开截止阀来降低。但要注意，打开截止阀会有汽油喷射出来的危险，因此应该把量杯置于压力表的自由端下面。

（3）压力表上的压力下降，10min之内不允许低于2.5bar。

（4）如果压力继续降低，检查管接头的密封性。如果管道没有故障，说明汽油泵损坏，更换汽油输送装置。

检查止回阀的同时，也检查了从汽油输送装置到压力表V.A.G1318接口的接头密封性。

4. 节气门操纵机构检修

1）节气门操纵机构

节气门操纵机构如图4.62所示。

2）关于节气门操纵机构拆装的说明

（1）节气门拉索固定的拆卸与安装。拆卸时将节气门拉索固定顺时针转动90°，并从水槽下车厢前围板上拆下来。安装时将节气门拉索穿过水槽下车厢前围板，如图4.63箭头1所示，在车厢前围壁上安装节气门拉索的固定，并旋转约90°，如图4.63箭头2所示。

（2）检查加速踏板挡块在踏板支座上的安装。如图4.64所示，在手动变速器汽车上，处于安装好的状态下能够看到1处的"HS"字样；在自动变速器汽车上，处于安装好的状态下能够看到2处的"AG"字样。

3）节气门拉索调整

（1）手动变速器汽车节气门拉索调整步骤：如图4.65所示，通过移动箭头处所指的支座上的插片来调整节气门拉索，使节气门控制装置的拉索滑轮达到全负荷位置。

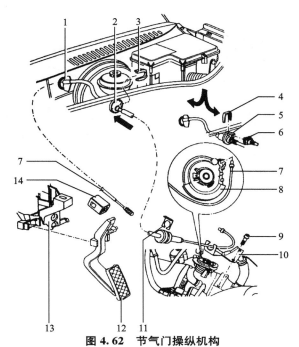

图 4.62 节气门操纵机构

1、2—节气门拉索固定；3—保持夹(仅适用于手动变速器汽车)；4—保持夹(仅适用于自动变速器汽车)；
5—换低速挡自动跳合开关(F8)；6—插头(黑，2针)；7—节气门拉索；8—拉索滑轮；
9—螺栓(10N·m)；10—节气门拉索支座；11—插片；12—加速踏板；
13—踏板支座；14—加速踏板限位

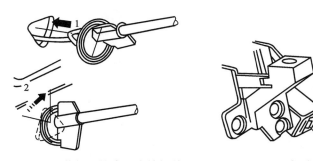

图 4.63 节气门拉索固定的拆装　　　图 4.64 加速踏板挡块的安装

(2) 自动变速器汽车节气门拉索调整步骤如下：

① 通过移动支座上的插片来调整节气门拉索，使节气门控制装置的拉索滑轮达到全负荷位置。

② 松开加速踏板，拔下发动机舱前部(车厢前壁上)的换低速挡自动跳合开关(F8)上的2针插头。

③ 将手持式万用表 V.A.G 1526 用辅助导线 V.A.G1594 连接到换低速挡开关上，如图 4.66 所示。测量开关的电阻，标准值为 8Ω。

④ 将加速踏板缓慢地朝全负荷方向移动，在短促地按下开关的压力触点之后电阻应降为 0Ω，此时加速踏板必须紧靠在挡块前面。

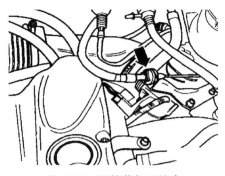
图 4.65 调整节气门拉索

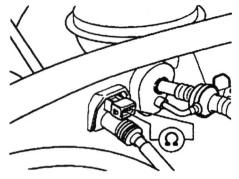
图 4.66 测量开关电阻

4.6.2 汽油蒸发排放控制系统检修

1. 汽油蒸发排放控制系统拆装

汽油蒸发排放控制系统部件的拆装如图 4.67 所示。

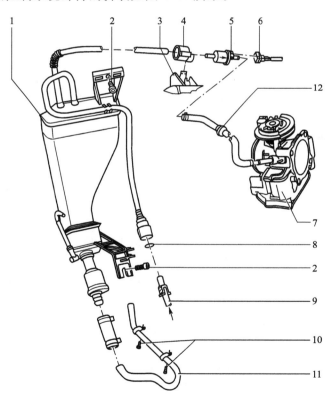

图 4.67 汽油蒸发排放控制系统部件的拆装

1—活性炭过滤器；2—螺栓；3—空气滤清器壳体；4—电磁阀 1 防护罩；5—电磁阀 1(N80)；
6—电磁阀 1 插头(黑色，2 针)；7—节气门控制装置；8—O 形圈；9—透气导管；
10—紧固螺栓；11—透气软管；12—止回阀

2. 汽油箱透气性检查

检查汽油箱透气性的步骤如下：

（1）拆下右前挡泥板。

（2）如图4.68所示，从电磁阀3处拔下连接活性炭过滤器1的透气导管2，将手持式真空枪V.A.G1390连接到透气导管2上，拔下汽油箱上通向活性炭过滤器的透气导管5，并连接到真空测试仪V.A.G1368的接头A上，将通向活性炭过滤器的透气导管4与真空测试仪V.A.G1368的接头B连接，将真空测试旋钮转到位置B。

（3）多次揿动手持式真空枪V.A.G1390，不允许建立起真空。如果建立起真空，进入步骤（4）；如果没有建立起真空，进入步骤（5）。

（4）如图4.68所示，检查活性炭过滤器1的透气软管6是否清洁。

（5）如图4.69所示，拧下汽油加油套管的盖子。将手持式真空泵V.A.G1390连接到真空测试仪V.A.G1368的接头B上，将真空测试仪旋钮转到位置A/B。

（6）数次揿动手持式真空枪V.A.G1390，不允许建立起真空。如果建立起真空，检查重力阀和汽油箱导管的通断；如果未建立起真空，进入步骤（7）。

（7）重装汽油加油套管的盖子。多次揿动手持式真空枪V.A.G1390，不允许建立起真空。如果建立起真空，更换汽油加油套管的盖子。注意：汽油箱液面很低的时候至少要揿动手持式真空枪20~30次。

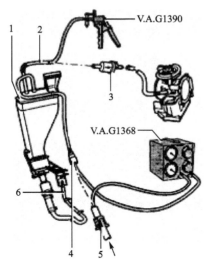

图4.68 连接检测仪器
1—活性炭过滤器；2、4、5—透气导管；
3—电磁阀；6—透气软管

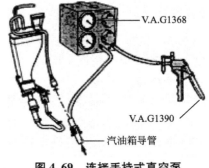

图4.69 连接手持式真空泵

4.7 柴油供给系统检修

4.7.1 输油泵检修

输油泵解体后，检查进出油阀和阀座的磨损情况。如有破裂或严重磨损，应予以更换；如磨损轻微，可研磨修复。

输油泵活塞与壳体由于磨损出现配合松旷和运动不平稳时，应更换新泵。输油泵装复后，要进行性能试验。

1. 密封性试验

试验时，旋紧手油泵手柄，堵住出油口，将输油泵浸没在清洁的柴油中，从进油口通入 147~196kPa 的压缩空气，若输油泵密封性能良好，在推杆与泵体的间隙中，只会有微小的气泡冒出。如气泡的直径超过 1mm，表示漏气量将超过 30mL/min，说明输油泵的密封性能过差，应更换新泵。

2. 吸油能力的试验

以内径 8mm、长 2m 的软管为吸油管，从水平高度低于输油泵 1mm 的油箱中用输油泵供油，能在 30 个活塞行程内出油为合格。

3. 输油量的检验

将输油泵装回喷油泵，输油泵的出口接油管。油管出口插入容量为 500mL 的量杯中，量杯的位置必须高于输油泵 0.3m。当喷油泵转速为 1000r/min 时，测量 15s 内流入量杯内的燃油量，并与技术条件规定的流量相比较，判断出油量是否合格。

4. 输油压力的检验

在输油泵出油口接上压力表，在规定的转速条件下，检验输油泵的输油压力是否符合原厂规定。

4.7.2 喷油泵检修

1. 喷油泵解体

喷油泵解体之前，应用汽油、煤油或柴油认真清洗外部，但不得用碱水清洗。

喷油泵解体时，应注意以下问题：

(1) 尽量使用专用工具。

(2) 零件拆下后，要按部位顺序放置。尤其是柱塞副和出油阀等零件，在解体清洗时，更应该非常仔细，避免磕碰，并绝对不允许互相调换。

(3) 对有装配位置要求的零件，如齿条、调整螺钉等零件，应做标记标明原来装配位置，防止装配时装错位置。

(4) 喷油泵总体包括分泵、输油泵、调速器、供油提前角自动调节装置等部件，在解体时应分解成部件，然后结合检验修理进一步分解。

2. 柱塞副的检修

1) 柱塞副的外观检验

柱塞副外观检验，发现有以下情况时应更换。

(1) 柱塞表面有明显的磨损痕迹。

(2) 柱塞弯曲或头部变形。

(3) 柱塞或柱塞套有裂纹。

(4) 柱塞头部斜槽、直槽及环槽边缘有剥落或锈蚀等现象。

(5) 柱塞套的内圆表面有锈蚀或显著刻痕。

(6) 齿杆式油量调节机构的柱塞副，其柱塞下端凸耳与旋转套筒配合间隙超过 0.15mm（标准为 0.02～0.10mm）。

2) 柱塞的滑动性能试验

先用洁净的柴油仔细清洗柱塞副，然后涂上干净的柴油进行试验，如图 4.70 所示。

将柱塞套倾斜 60°左右，拉出柱塞全行程的 1/3 左右。放手后，柱塞应在自重作用下平滑缓慢地进入套筒内。然后转动柱塞，在其他位置重复上述试验，柱塞均应能平稳地滑入套筒内。

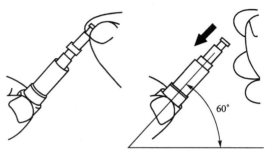

图 4.70 柱塞的滑动性试验

若下滑时在某个位置有阻滞现象，可用抛光剂涂在柱塞表面上，插入柱塞套内研配；若柱塞顶部边缘部分有毛边而产生阻滞，可用细质油石磨去毛边，然后清洗干净，涂上抛光剂与柱塞套互研，至无阻滞时为止。如果下滑很快，说明磨损过甚，必须成对更换。

3) 柱塞的密封性试验

(1) 将各分泵机构中的出油阀拆除，放出泵内的空气，将喷油器试验器的高压油管接到出油阀接头上。

(2) 移动供油量调节机构的齿条或拉杆，使喷油泵处在最大供油位置。转动喷油泵凸轮轴，使被测柱塞移动到行程的中间部位，柱塞顶面应完全盖住进油孔和回油孔。

(3) 将喷油器试验器的压力调至 20MPa 后停止泵油，测定压力下降至 10MPa 的时间应不小于下式计算的结果：

$$时间 = 48 - 4 \times 柱塞直径$$

例如，Ⅱ号喷油泵的柱塞直径为 9mm，则上述试验所测得的时间不得少于 $48 - 4 \times 9 = 12(s)$。同一喷油泵的所有柱塞副的密封性误差应在 5% 的范围内。

无试验设备时，也可用手指盖住柱塞套的顶部和进、出油口，使柱塞处于最大供油位置，另一只手将柱塞由最上方位置向下拉。此时，应感到有明显的吸力；放松柱塞后，柱塞应能迅速回到原位。否则，应更换新柱塞副。

3. 出油阀的检验

1) 出油阀偶件的外观检验

发现有下列情况之一者应更换：

(1) 出油阀的减压环带有严重的磨损痕迹。

(2) 锥面磨损过多，并有金属剥落痕迹和划痕。

(3) 出油阀体和阀座端面及锥面有裂纹。

(4) 阀体或阀座锥面锈蚀。

2) 出油阀滑动性试验

将出油阀及阀座在柴油中浸泡后，拿住阀座，并在垂直位置向上抽出阀体约 1/3，松开时阀体应能在自重下落座。以在几个不同位置上试验都能符合上述要求为良好。

3) 出油阀密封性试验

如图 4.71 所示，将出油阀从出油阀座拉出约 5mm（减压环带与出油阀座平齐）；堵住出油阀座的下孔然后用力压出油阀座。压时费力，松开时出油阀能自动弹出为正常，否则为不密封。或先堵住出油阀座下孔，拉出出油阀约 5mm（减压环带与出油阀平齐），然后放松出油阀，出油阀能自动吸回为正常。

这种试验法多用于检查出油阀偶件的磨损程度，因为出油阀的减压环带很窄，稍有磨损就能对密封性产生很大的影响。

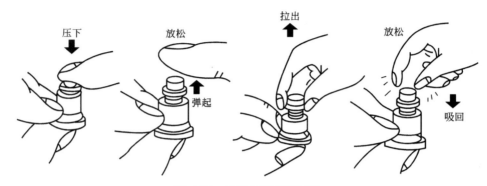

图 4.71 出油阀密封性试验

4.7.3 调速器检修

调速器中的零件大多是运动零件，这些零件的连接或接触部位在运动中会发生各种损伤。

1. 调速弹簧的检修

调速器弹簧出现扭曲、裂纹、弹力减弱及折断等时，应换新件。

2. 飞块支架及铰链连接部位检修

对采用飞块结构的双速调速器，应保证飞块、支架及销轴三者的配合间隙。如飞块支承孔和飞块推脚磨损严重，使飞块实际摆动中心向内偏移、飞块推脚半径缩短，在发动机转速一定的情况下，调速套筒的位移量较未磨损前小，从而影响调速器的调速特性。若上述三者的配合达不到技术条件的要求，可通过铰削飞块销轴孔、更换加粗的销轴来解决。

3. 调速套筒检修

在以调速弹簧为拉力弹簧的调速器中，其调速套筒环槽与浮动杠杆横销磨损，配合间隙超过规定时，可将浮动杠杆上的横销和调速套筒一起拆下，拆下后转动 90°以后再装复，可以减小配合间隙。

调速器套筒的内孔磨损后，应更换新衬套。修理后，调速套筒在轴上应运动自如、无卡滞。调速套筒端面的推力轴承，视情更换。

调速器各操纵连接部位应连接可靠、运动灵活、配合间隙符合规定。在操纵臂位置不变动的情况下，供油拉杆或齿杆的轴向位置游动量应在 0.5~1mm。

4.7.4 喷油器检修

1. 解体

喷油器确定针阀偶件为精密配合零件,在使用中不许互换。解体前,应确认缸序标记,按缸序拆卸喷油器,并保证能正确装回原位,避免错乱。

2. 清洗

解体后,在清洁的柴油中清洗针阀偶件。清洗时,可用木条清除针阀前端轴针上的积炭;对阀座外部的积炭用铜丝刷清除;不得用手接触针阀的配合表面,以免手上的汗渍遗留在精密表面,引起锈蚀。

3. 检验

(1) 针阀和座的配合表面不得有烧伤或腐蚀等现象。
(2) 针阀的轴针不得有变形或其他损伤。
(3) 针阀偶件的配合可按图 4.72 所示的方法检验。将针阀体倾斜 60°左右,针阀拉出 1/3 行程;当放开后,针阀应能靠其自重平稳地滑入针阀座中。重复进行上述动作,每次转动针阀在不同位置,如针阀在某位置不能平稳下滑,说明针阀座变形或表面损伤;若下落速度太快,说明其配合间隙因磨损而过大。出现以上两种现象,应更换针阀偶件。

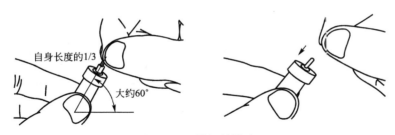

图 4.72　针阀的检验

4.7.5 喷油泵装配

在喷油泵装配过程中,应注意工作环境、工具、操作者和零件的清洁。装配过程必须使用专用工具,严格按照工艺技术要求进行。

1. 凸轮轴

安装凸轮轴前,应首先确认发动机的工作顺序和喷油泵凸轮轴的旋转方向。因为许多喷油泵的凸轮形状是对称的,凸轮轴两端的形状相同,但若前后颠倒,则供油顺序与配气相位不匹配,发动机不能工作。凸轮轴装复后,应能灵活转动,轴向间隙应符合技术条件的规定(一般凸轮轴的轴向间隙为 0.05～0.15mm)。否则,可通过增减两端的垫片进行调整。

2. 滚轮式挺杆

滚轮组合件装入下泵体后,转动凸轮轴时,滚轮组合体应能灵活地上下运动,不得有运动阻力过大的部位。滚轮上的调整螺钉不得外露过多,以免挤伤柱塞等零件。

3. 柱塞和出油阀偶件

柱塞和出油阀偶件在装入泵体前,应确认型号无误。安装时必须保证柱塞与柱塞套的原有配对关系。

柱塞套装入泵体后,将柱塞套上的定位螺钉孔对正。拧紧螺钉后,柱塞套应能上下移动1～2mm,并能微量转动,尤其不要使用过长的定位将柱塞套顶死,防止柱塞套筒歪斜,甚至将回油孔堵死。

柱塞装入套筒后,应将柱塞做上下滑动和顺逆转动,以检查柱塞与套筒的配合是否正常。

出油阀偶件装入泵体时,要确保柱塞套与出油阀座接触面的清洁,以保证密封性。否则,各缸供油的均匀性就无法调整好。

高压油管接头装配时必须按规定力矩拧紧,不能过大或过小。

4. 供油量的调节机构

供油拉杆或齿杆装入泵体时,要注意安装位置。若齿杆上有刻线,应使刻线对正泵体端面。对于齿条上没有记号的零件,应按照拆开时所做的标记装配。因此,喷油泵解体时,必须检查供油齿杆或拉杆、齿圈或调节叉之间及泵体上是否有装配记号。若没有记号,应先做记号再解体。

5. 调速器

飞块式双速调速器,其支承飞块的两根螺柱不得歪斜。高速和怠速弹簧的调整垫片要平整。调速弹簧预紧时,两飞块的弹簧座调整螺母必须拧入相同的圈数,以保证平衡运转。除高速弹簧外,怠速弹簧也应有轻微的预紧。如果怠速弹簧留有间隙,低速时就会引起操纵臂发抖、怠速不平稳等故障。

Ⅱ号喷油泵采用的飞球式全速调速器,其推力盘内的轴承的轴向间隙应很小。因此,传动板与轴承内圈必须压牢。当传动板压紧后,应不能感觉出明显的晃动。推力盘转动时,应灵活而无局部卡滞现象。在压紧推力盘时,供油拉杆螺母不能与传动板脱离接触。

4.7.6 柴油机燃料系统的维护

1. 柴油的净化

柴油机使用的柴油,除应按照各车使用说明书的规定与季节变化选用外,还不应含有机械杂质和水分。使用中保持柴油清洁的措施如下:

（1）柴油在加入柴油箱之前,一般要经过72h的沉淀过滤。加油时,加油口附近要清洁,不得晃动油桶或将油管插到底,最好采用密闭加油。

（2）适时放出柴油和柴油滤清器内的沉淀物,并按时清洗柴油滤清器。

（3）拆卸高压管或其他管路时,要用清洁的布包扎油管接头,防止尘土进入油管或机件内。

2. 保证管路密封

柴油管路应不漏油、不进气。管路漏油与进气将会导致供油不足,甚至中断供油,从而使起动困难、工作不稳定、功率下降，甚至会自行熄火。

引起柴油管路不密封的主要原因是油管破裂、油管接头松动或密封垫圈损坏，应及时紧定更换。

当柴油管路中进气而使油路中形成气阻后，应立即按下述程序放气。

(1) 给油箱加注足够的柴油。

(2) 先用柴油滤清器上的放气螺钉，再用喷油泵上部的放气螺钉分别放掉本部位的空气。放气时，用手油泵连续泵油，放气螺钉中流出的柴油中再无气泡时，即旋紧放气螺钉。

(3) 起动发动机，旋松喷油器高压油管接头，排放该缸高压油管中的空气。但必须在油管溢流的状态下紧固油管接头。

(4) 在发动机运转时，检查柴油滤清器、喷油泵的放气螺钉和油管接头是否漏油。

3. 主要部件维护

1) 喷油泵

喷油泵的维护作业主要有外部的清洁、校准供油正时和向供油提前角自动调节装置补给润滑油等。

喷油提前角的校正方法：喷油器喷油提前角的大小对于柴油机的工作过程影响极大，喷油提前角与供油提前角有直接的关系。在使用中，通过改变供油提前角的大小来改变喷油提前角。

供油提前角的检查、校对应按以下程序进行：

(1) 确定曲轴的位置。按柴油机工作旋向转动曲轴，使飞轮上的供油正时记号与飞轮壳上的标记对正，或使曲轴前带轮上的供油提前角记号与正时齿轮壳上的标记对正。

(2) 检查供油提前角。检查万向节从动凸缘盘上的刻线是否与喷油泵前壳体上的刻线对正。若没有对正，即松开连接主动凸缘盘与中间凸缘盘的螺栓，转动喷油泵凸轮轴使刻线对正，然后拧紧连接螺栓。

供油提前角也可以按下述方法检查：在基本对正曲轴位置后，将一缸分泵的出油阀和出油阀弹簧拆下，装上检查用的出油管。用手油泵泵油，此时，应保证出油管的柴油流出。在泵油的同时，顺时针方向转动曲轴，在出油停止的瞬间使曲轴停转，此时飞轮或曲轴带轮的刻度即为一缸供油提前角。若供油提前角有误差，可通过万向节进行调整。方法如下：松开连接主动凸缘盘和中间凸缘盘的螺栓，慢慢转动驱动轴（或曲轴）使万向节转动一定角度，顺喷油泵凸轮轴转动方向转动为推迟提前角，逆喷油泵凸轮轴转动方向转动为提早提前角，然后紧固螺栓。

2) 输油泵

维护时，应清洗检查输油泵。首先，检查并清洗进油口上的滤网。输油泵经清洗后，用手指压下推杆，应能将活塞完全压进；松开手柄，手柄应能完全弹出。否则，应拆检活塞、推杆的卡滞故障。

在使用中，对喷油器的喷油压力、喷雾质量等也应做定期检查、调试。其试验应在喷油器试验台上进行。

4.8 发动机常见故障诊断

4.8.1 曲柄连杆机构常见故障诊断

1. 活塞敲缸响

1) 故障现象

发动机怠速时,在气缸的上部发出清晰的敲击声,好像用一小锤轻敲水泥地面产生的"嗒嗒嗒"的声音;发动机低温时响声明显,温度升高后响声减弱或消失,怠速或下中速时响声明显,中、高速时一般减弱或消失;该缸断火后,响声减弱或消失。

2) 故障原因

活塞与气缸壁间隙过大,气缸壁润滑条件不佳。

3) 检查与判断

(1) 这种响声的特点是冷车明显,热车时减弱或消失,断火试验时响声减弱或消失。

(2) 发动机在下中速运转时,可用手抖动节气门检查,一般在收供油量的瞬间响声较明显。

(3) 可用听诊器具,放在气缸上部察听,并结合断火试验来确定哪个气缸发响。

(4) 经诊断初步确定为某缸发响后,为进一步证实,可将发动机熄火,卸下火花塞,往气缸内注入少量机油,然后再装上火花塞起动发动机。如声音减弱或消失,过一会儿,响声又起,或在起动着火后的几十秒内出现几声响,随后即消失,过一会儿又出现几声,则可断定此缸敲缸响。

(5) 有时遇到"反上缸"现象,即在断火试验时出现敲击响声,并由间断变为连响。这是由于活塞裙部锥度过大,致使活塞头部撞击气缸壁所致。

(6) 如冷车时响,热车时不响,可继续运行。大修出厂的车辆在温度低于213K(40℃)时,允许有轻微响声。

2. 拉缸声

1) 故障现象

此响声一般出现在发动机大修后的走合期,即发动机在怠速运转时出现"嗒嗒嗒"声,像活塞敲缸的声音,而温度升高后,响声不但不消失,反而稍重一些,且有时还带有"吭吭"的声音,发动机稍有抖动现象;断火试验仍有响声,但严重拉伤后也出现活塞敲缸响,不过此时断火试验响声减弱;拉伤到一定程度时,出现发动机突然熄火现象;严重时,从加机油口处往外冒烟。

2) 故障原因

(1) 活塞与缸壁间隙过小或活塞膨胀系数过大。

(2) 活塞椭圆度不足,或反椭圆。

(3) 活塞头部尺寸大,活塞环背隙或端隙过小。

(4) 活塞销与销座孔配合过紧,致使活塞变形胀大。

(5) 机油不足或润滑孔道堵塞,润滑不良。
(6) 发动机缺冷却液,温度过高。
(7) 发动机长时间高速运转,尤其在走合期内。
(8) 全浮式活塞销未装锁环,半浮式活塞销固定螺钉未拧紧,活塞销轴向窜动拉缸。

3) 检查与判断

发动机运转中,出现类似敲缸的现象,但声音不是随发动机温度的升高而减弱消失,可初步断定为拉缸响声。拆下气缸盖,检查缸臂的拉伤情况,并找出拉伤原因。若只是活塞与缸壁配合较紧而轻微拉伤,可稍磨一下缸壁,仍可用原活塞装复。若拉伤严重,应重新镗缸,并用更换加大活塞的方法修复。

3. 活塞销响

1) 故障现象

发动机在急速或中速运转时,在发动机的侧上部可听到"嗒嗒"的明显、清晰而尖脆的敲击声;用手拉节气门,由急速往下中速急速抖动节气门时,响声非常明显,且清脆而连贯;发动机温度升高,响声不减弱;断火试验时响声减弱或消失,而恢复工作时的瞬间,有明显的1~2下响声。

2) 故障原因

活塞销与连杆小头衬套配合松旷;活塞销与活塞的销座孔配合松旷;机油压力过低,曲轴箱内机油飞溅量不足,或连杆上的润滑油道堵塞,而造成活塞销烧蚀严重。

3) 检查与判断

(1) 抖动节气门试验,即将节气门置于急速位置,然后向下中速抖节气门,响声能灵活地随着变化,并且每抖一下节气门,都能听到突出的、尖脆的、连贯的"嗒嗒嗒"响声,则可能是活塞销响。

(2) 断火试验时,响声比较明显。可将发动机稳定在响声较强的转速下,做逐缸断火试验,当断开某缸后,响声明显减弱或消失,并在复火的瞬间,能灵敏而突出地恢复响声,可断定此缸活塞销响。

(3) 如响声非常严重,并且发动机转速越高,响声越大,可在响声较大的转速下断火试验。若响声不但不消失,反而变得杂乱,一般是由于间隙已大到了一定的程度。

(4) 在发动机转速不断变化的情况下,将听诊器具触及在发响气缸的缸体侧上部或气缸盖上,可听到较清脆的响声,也可在加机油口处听到活塞销的清脆响声。

4. 活塞环漏气响

1) 故障现象

响声类似活塞敲缸响;在加机油口处察、听,可听到特别清脆的响声,并有大量气体自加油口冒出,若将加机油口盖住,响声可显著减弱。

2) 故障原因

活塞环弹性过弱或缸壁有沟槽,活塞环质量不佳或活塞头部失圆。

3) 检查与判断

(1) 打开加机油口盖,在发动机高速运转时,可听到类似活塞敲缸的响声,当节气门开度小时响声即减弱或消失,同时在加油口处向外冒烟,可断定为活塞环漏气响。

(2) 断火试验时,某缸断火后响声和烟气立即消除,可断定为该缸活塞环漏气,但多缸漏气时，上述现象则不明显。

（3）在初步判定的气缸内倒入少许机油，然后起动发动机试验，若在起动后较短时间内响声减弱或消失，则可进一步断定是该缸活塞环漏气响。

5. 连杆轴承（瓦）异响

1）故障现象

突然加速时，有连续明显的敲击声，响声清脆，短促而坚实，并随发动机转速的升高而增大，随负荷的增加而增强；发动机温度发生变化时，响声不变化；轴承严重松旷时，在急速或下中速运转中，可听到"咯棱、咯棱"的响声；断火试验，响声明显减弱或消失。

2）故障原因

润滑不良或轴承配合不当而造成烧损；轴承质量不佳或装配间隙过松、过紧使轴承片变形而造成合金脱落；连杆轴颈失圆，与轴承接触不良而造成早期磨损。

3）检查与判断

（1）逐缸断火试验，从急速往下中速，由下中速往中速抖动节气门，以及加减节气门开度反复试验时，响声随发动机转速的增高而增大，微抖节气门时可听到较复杂的"咯棱、咯棱"的响声。此外，在加速的瞬间响声更突出，断火试验响声减弱或消失，在复火的瞬间能灵敏而突出地恢复响声。此情况可断定为连杆轴承异响。

（2）从加机油口处察听，有较强的"哨哨哨"的响声。

（3）车辆行驶中，若加大供油量或由低速挡换入高速挡加油时，听到有微小的"嗒嗒"响声，而慢慢加大供油量或减轻负荷时，响声即消失。

（4）如在车辆行驶中突然听到"唧唧唧"的响声，好像在缺乏润滑油的情况下，用大钻头在材质坚硬的钢材上钻孔时发出的声音，这一般是由于缺乏润滑油而烧瓦所发出的响声。出现这种响声时，曲轴可能被抱住，应立即停车熄火并用手摇柄摇转曲轴。

6. 飞轮的维修

（1）飞轮齿圈的磨损和轮齿折断。在起动发动机时，起动机小齿轮与飞轮齿圈的齿端发生碰撞磨损，啮合时轮齿会发生磨损或折断。

（2）飞轮端面的磨损。飞轮齿圈的齿面磨损后，可将齿圈翻面再用。当轮齿连续损坏崩齿三个以上，或齿已双面严重磨损，应更换新齿圈。

当飞轮端面磨损成波浪形或起槽，深度超过 0.5mm 时，应采用车削或磨削的方法修平。

在更换飞轮或齿圈、离合器压盘或总成及修整飞轮工作平面之后，都应重新进行组件的动平衡试验。

7. 主轴承异响

1）故障现象

（1）发动机突然加速时，有明显而沉重的连续响声，此响声比连杆轴承异响钝重，好像用大锤轻敲大石块的声音，严重时发动机体也产生振动。

（2）响声随发动机的转速提高而增大，随负荷的增大而增强，但与发动机的温度变化无关。若响声钝重发闷，一般为后道轴承发响；若响声较清脆，一般为前道轴承发响。

（3）单缸断火试验无变化，相邻两缸断火时响声明显减弱。

(4) 机油压力明显下降。
2) 故障原因
主轴颈与轴承配合松旷，主轴承润滑不良而烧坏，曲轴弯曲或轴向间隙大。
3) 检查与判断
(1) 发动机以下中速运转，用手抖动节气门和反复加大节气门开度试验。若响声沉重发闷，并随发动机的转速升高而增大，在抖动节气门时加油的瞬间响声较明显，同时感到有发动机体振动的现象，一般可断定为主轴承响。
(2) 若发动机在急速或下中速运转时响声较明显，高速时变得杂乱，则有可能是曲轴弯曲。若在高速时机体有较大的振动，机油压力显著下降，则说明轴承松旷严重或合金烧坏、脱落。
(3) 打开加机油口盖，仔细倾听，同时反复变更发动机转速，若有明显的响声，则为主轴承响。
(4) 在节气门不断变化的同时，将听诊器触及在气缸体两侧的曲轴位置处察听，若声音较明显，可判定为主轴承响。
(5) 单缸断火试验，一般不上缸，但相邻两缸同时断火，响声即减弱或消失。
(6) 踏下离合器踏板，若响声减弱或消失，则为曲轴轴向间隙过大而发响。

4.8.2　配气机构常见故障诊断与排除

1. 气门脚响

气门脚响是因为气门间隙过大而发出的一种连续而有节奏的金属敲击声。
1) 故障现象
发动机发出清脆有节奏的"嗒嗒"响声，响声随转速而变化，与温度变化无关。
2) 故障原因
该响声在发动机任何转速下均能听到，并且随发动机转速的升高而响声增大，尤其在急速、中速时响声更加清晰，其响声不随温度改变和"断火"而变化。
3) 诊断方法
响声在缸盖处比较明显，拆下气门室盖，发动机急速运转，用塞尺依次插入气门间隙处检查。如果插入一个气门后，响声减弱或消失，即为气门间隙过大而发响。
4) 排除方法
重新调整气门间隙。

2. 气门漏气

气门漏气是指气门与气门座工作面密封不良，产生气体渗漏，导致气缸压力下降等现象。
1) 故障现象
发生该故障时，发动机会出现起动困难、进气管回火、排气管放炮、冒烟、燃油消耗增加，以及出现异响等现象。
2) 故障原因
(1) 气门与气门座工作面磨损、烧蚀、密封不良而漏气。
(2) 气门与气门座工作面有积炭，气门关闭不严而漏气。
(3) 气门与气门导管间隙过大，气门杆晃动，导致气门关闭不严而漏气。

(4) 气门杆在气门导管内发涩或卡住，气门不能上下移动。

(5) 气门弹簧失去弹性，或弹簧折断。

3) 诊断方法

在排除点火系统、燃料系统故障原因后，尚不能确定故障时，测量气缸压力或测量进气歧管的真空度，可以比较准确地确定该故障。测量气缸压力时，气门漏气的气缸压力较其他气缸偏低。

4) 排除方法

拆卸缸盖，对气门组零件进行修理，修磨或更换损坏的气门等零件。

3. 凸轮轴响

1) 故障现象

发动机缸盖处出现有节奏而较钝的"嗒嗒"响声，发动机一般无其他异常现象。

2) 故障原因

凸轮轴及其轴承间配合松旷，凸轮轴弯曲变形，凸轮轴轴向间隙过大。

3) 诊断方法

在缸盖处可听到有节奏而较钝的"嗒嗒"响声，发动机中速时比较明显，高速时消失，做单缸断火试验，声响依旧。

4) 排除方法

拆检配气机构，更换故障零件。

4. 液力挺柱故障

1) 故障现象

发动机发出类似普通机械气门脚响的现象。

2) 故障原因

(1) 发动机机油油面过高或过低，导致有气泡的机油进到液压挺柱中，形成弹性体而产生噪声。

(2) 机油压力过低。

(3) 机油泵、集滤器损坏或破裂，使空气吸到机油中去。

(4) 液力挺柱失效。

(5) 使用质量低劣的机油。

3) 诊断方法

发动机运转时，出现有节奏的"嗒嗒"声，急速时明显，中速以上减弱或消失。

4) 排除方法

拆卸油底壳，检查更换机油泵、集滤器；调整机油液面或更换机油；拆检配气机构，更换液压挺柱或气门导管。

4.8.3 润滑系统常见故障诊断与排除

发动机润滑系统的常见故障是机油压力过低或过高、机油消耗过多、机油温度过高和滤清器效能减弱等。

1. 压力过低

1) 故障现象

(1) 发动机起动后,机油压力表读数迅速下降至零左右。
(2) 发动机在正常温度和转速下,机油压力表读数始终低于规定值。
2) 故障原因
(1) 机油油量不足。
(2) 机油黏度太低。
(3) 减压阀弹簧过软或调整不当。
(4) 机油滤清器堵塞。
(5) 机油泵齿轮等磨损,使供油压力过低。
(6) 曲轴主轴承、连杆轴承或凸轮轴轴承间隙过大。
(7) 润滑系统内、外管路或管接头泄漏。
(8) 机油压力表或传感器失效。
(9) 汽油泵膜片破裂,使汽油漏入油底壳而稀释机油。
(10) 气缸体水套出现裂纹,使冷却液漏入油底壳而稀释机油。
3) 故障诊断与排除方法
(1) 观察机油压力表或警告灯,发现机油压力过低或为零时,应立即停车熄火,否则会很快发生烧瓦抱轴等机械事故。先拔出机油尺,检查油底壳内机油量及机油品质。若油量不足,应及时添加;若机油中含水或燃油,应通过拆检,查出渗漏部位;若机油黏度过小,应更换合适牌号的机油。
(2) 若机油量充足,再检查机油压力传感器的导线是否松脱。若连接良好,在发动机运转时,拧松机油压力传感器或主油道螺塞,若机油从连接螺纹孔处喷出有力,则为机油压力表或其传感器、连接线路故障。若机油喷出无力,则应立即熄火,检查集滤器、机油泵、限压阀、粗滤器滤芯是否堵塞且旁通阀无法打开,各进出油管、油道及油堵是否漏油。
(3) 若以上检查均正常,则应检查曲轴轴承、连杆轴承或凸轮轴轴承的间隙是否过大,间隙增大会直接影响机油压力。

2. 机油压力过高

1) 故障现象
(1) 发动机在正常温度和转速下,机油压力表读数高于规定值。
(2) 发动机在运转中,机油压力表读数突然增高。
(3) 机油压力表读数低,但高压机油冲裂机油压力传感器或机油滤清器盖等。
2) 故障原因
(1) 机油黏度过大。
(2) 限压阀调整不当或失效。
(3) 气缸体的油道堵塞。
(4) 机油粗滤器滤芯堵塞且旁通阀开启困难。
(5) 机油压力表或其传感器工作不良。
(6) 曲轴主轴承、连杆轴承或凸轮轴轴承的间隙过小(只出现在大修后的发动机)。
3) 故障诊断与排除方法
发动机油压力过高,应熄火排除故障,否则容易冲裂机油滤清器盖或机油传感器。
(1) 检查机油黏度是否过大,限压阀是否调整不当;对于新大修的发动机,应检查主轴承、连杆轴承或凸轮轴轴承是否间隙过小。

(2) 若机油压力突然增高,而未见其他异常现象,应检查机油压力传感器及导线是否有搭铁故障而导致机油压力表显示异常。

3．机油消耗过多

1) 故障现象

(1) 机油消耗量逐渐增多(机油消耗率超过 0.1L/100km)。

(2) 排气管冒蓝烟。

2) 故障原因

(1) 活塞与缸壁间隙过大。

(2) 扭曲活塞环方向装反。

(3) 活塞环抱死,或其开口转到一起。

(4) 活塞环磨损过甚,或其弹力不足。

(5) 活塞环端隙、边隙或背隙过大。

(6) 气门杆油封损坏(尤其是进气门杆油封)。

(7) 进气门导管磨损过甚。

(8) 曲轴箱通风不良。

(9) 油底壳或气门室盖漏油。

(10) 润滑系统各零部件的外渗漏。

3) 故障诊断与排除方法

(1) 检查外部是否有漏油,应特别注意曲轴前端和后端、凸轮轴后端油堵是否漏油。

(2) 若发动机气缸盖罩、气门室盖、油底壳衬垫和发动机前、后油封等多处有机油渗漏,应检查曲轴箱通风装置。清理曲轴箱管道,尤其是通风流量控制阀处的积炭和结胶。若通风受阻,就会引起曲轴箱内压力升高,出现机油渗漏现象。

(3) 若排气管明显冒蓝烟,则为烧机油造成的。当发动机大负荷、高速运转时,排气管大量冒蓝烟,同时机油加注口(设在下曲轴箱上)也向外冒蓝烟,则为活塞、活塞环与气缸壁磨损过甚;活塞环的端隙、边隙或背隙过大,多个活塞环端隙口转到一起,扭曲环装反等,使机油窜入燃烧室。

(4) 若发动机大负荷运转时,排气管冒蓝烟,但机油加注口无烟,则为气门杆油封损坏,气门导管(尤其是进气门)磨损过甚,使机油被吸入燃烧室。若短时间冒蓝烟后停止,而油底壳的机油未见减少,则是湿式空气滤清器内的油面过高所致。

(5) 对于采用气压制动的汽车,若从储气筒的放污螺塞处放出较多的机油,则为空气压缩机的活塞、活塞环与气缸壁磨损过甚。

4.8.4 冷却系统常见故障诊断与排除

冷却系统的主要故障是发动机过热。过热现象主要有冷却液充足但发动机过热、冷却液不足引起发动机过热、发动机突然过热等。

1．冷却液充足但发动机过热

1) 故障现象

发动机的冷却液充足,但在行驶中冷却液温度超过 363K(90℃)(汽车超过 373K),直至沸腾（俗称"开锅"）；或运行中冷却液在363K（90℃）以上，一停车，冷却液立刻沸腾。

2）故障原因

主要原因有两个方面：首先是冷却系统的散热能力下降，其次是发动机产生的热量增加。

(1) 冷却系统本身的原因如下：

① 百叶窗开度不足。
② 风扇带太松或因油污而打滑。
③ 散热器出水管老化吸瘪或内壁脱层堵塞。
④ 冷却风扇装反，或风扇规格不对。
⑤ 电动风扇不转，或硅油风扇离合器损坏，使风扇不转或转速过低。
⑥ 节温器失效，使冷却液大循环受阻。
⑦ 水套水垢沉积过多，或分水管堵塞，分水不畅。
⑧ 散热器内芯管堵塞，或散热片倾倒过多。
⑨ 水泵损坏。
⑩ 气缸垫烧穿，或缸盖出现裂缝，使高温气体进入冷却系统。

(2) 其他系统的原因如下：

① 点火时间过迟。
② 混合气过浓或过稀。
③ 燃烧室积炭过多。
④ 发动机机油量不足，或机油散热器工作不良。
⑤ 汽车使用条件的影响（如道路、气候、风向和负荷等）。

3）故障诊断与排除方法

(1) 先检查百叶窗是否开度不足。若开度足够，再检查风扇的转动情况及风扇带是否打滑。若风扇不转或转速太低，可调整风扇带松紧度，或检查硅油风扇离合器，或检查风扇电动机及温控开关的好坏，若损坏则应更换新件。

(2) 若风扇转动正常，再用手分别感觉散热器和发动机的温度。若散热器温度低，而发动机温度高，说明冷却液循环不良，应检查散热器出水胶管是否被吸瘪，或胶管内壁是否有脱层堵塞。若胶管被吸瘪应更换新管。

(3) 若散热器出水良好，再拆松散热器进水管，起动发动机试验，冷却液应有力排出。否则，说明水泵或节温器有故障。进一步拆下节温器试验，若散热器的进水管仍不排水，则说明水泵有故障；若拆下节温器后，散热器的进水管变得排水有力了，则故障就在节温器，应换用新件。

(4) 检查散热器各部温度是否均匀。如果冷热不均，说明散热器内部芯管有堵塞或散热片倾倒过多。

(5) 检查发动机各部温度是否均匀。若发动机的后端温度高于前端，则说明分水管已损坏或堵塞，应换用新件。

(6) 若以上检查正常，在冷却液温度过高的同时，发动机动力明显下降，并从散热器的加水口处涌出高温气体或从排气管处排出水蒸气，则应检查气缸垫是否烧坏。

(7) 对于长期未清洗水垢的发动机，若出现过热无法排除时，应考虑水套内积垢太多，可采用化学溶剂法清洗水垢。

(8) 除以上检查外，还应检查是否有其他系统的原因引起过热。

(9) 若发动机及冷却液温度正常，冷却液液位也正常，而冷却液温度表指示冷却液温度过高，或冷却液温度过高警告灯亮，则为冷却液温度表、警告灯电路或元器件故障。

2. 冷却液不足引起发动机过热

1) 故障现象

发动机冷却系统容纳不了规定的冷却液量，或在运行中冷却液消耗异常，使发动机过热。

2) 故障原因

(1) 冷却水套或散热器积垢过多或堵塞。

(2) 散热器漏水。

(3) 散热器盖的进、排气阀失效。

(4) 水泵水封不良或叶轮密封垫圈磨损过甚而漏水。

(5) 冷却系统其他部位漏水。

(6) 气缸垫水道孔与气缸相通。

(7) 个别进气通道破裂漏水。

(8) 气门室内壁破裂漏水。

3) 故障诊断与排除方法

(1) 在发动机运转时，首先检查冷却系统外部是否漏水，可通过紧固排除漏水部位。

(2) 水泵泄水孔漏水，常被误认为散热器出水管漏水，可用一干燥洁净木条伸到水泵的泄水孔处，若木条上有水，则说明水泵漏水。

(3) 若外部不漏水，则应考虑为冷却系统内部漏水。若发动机运转时，排气管排出大量的水蒸气，或拔出机油尺发现机油中有冷却液，则为水套破裂或气缸垫水道孔破损，致使冷却液漏入曲轴箱、气缸内或进、排气道内。

3. 发动机突然过热

1) 故障现象

冷车起动后，发动机冷却液温度迅速升高而产生沸腾现象或汽车行驶中发动机突然过热。

2) 故障原因

(1) 风扇带断裂。

(2) 水泵轴与叶轮脱转。

(3) 冷却系统严重漏水。

(4) 节温器主阀门脱落致使冷却液不能进行大循环。

(5) 气缸垫烧穿，或缸盖出现裂缝，高温气体进入冷却系统。

3) 故障诊断与排除方法

若汽车在行驶中发动机突然过热，且冷却液沸腾后，切莫使发动机立即熄火，应怠速运转散热 5min，待冷却液温度下降后，再补加冷却液。

(1) 首先检查冷却液数量是否充足，再检查风扇是否转动。若风扇停转，应察看风扇带是否断裂，硅油风扇离合器或电磁式风扇离合器是否损坏。若为电动风扇，应检查冷却液温度开关、风扇电动机及其电路是否损坏。

（2）若风扇运转正常，冷却液数量足够，可用手感觉散热器和发动机的温度。若发动机温度很高，而散热器温度很低，说明水泵损坏或节温器失灵。

（3）若冷态发动机起动后，散热器口立即向外溢水并排出大量气泡，呈现冷却液沸腾状态，多为气缸套、气缸盖出现裂纹或气缸垫烧蚀，使高温高压气体窜入水套。此时，应分解缸盖、缸体，焊修裂纹或更换气缸套、气缸垫。

4.8.5 汽油发动机燃油供给系统常见故障诊断

1. 汽油发动机燃油供给系统各部件不工作时对发动机的影响

汽油泵故障：发动机不能起动，运转不稳，运转中熄火。
汽油滤清器故障：发动机不能起动，运转不稳，发动机喘抖，动力性差。
压力调节器故障：发动机不能起动，运转不稳，发动机喘抖，油耗增加。
喷油器故障：发动机不能起动，运转不稳，排气管放炮，油耗增加。

2. 燃油供给系统各部件工作失效的原因分析

燃油供给系统的故障可导致发动机不能起动、运转不稳或工作恶化，其故障的部位、现象及原因如表 4-10 所示。

表 4-10 燃油供给系统的故障部位、现象及原因

故障部位及现象	故障原因
喷油器不工作	喷油器驱动电源线路不良； 喷油器串联电阻断路或漏电； 喷油器电磁线圈断路； 电子控制器故障
冷起动喷油器不喷油	热限时开关触点不良； 冷起动喷油器故障； 冷起动喷油器控制线路不良
电动汽油泵不工作	汽油泵电源线路或熔断器有故障； EFI 继电器故障； 汽油泵继电器不良； 空气流量计汽油泵开关不良； 汽油泵电动机故障
喷油压力过低	油压调节器不良； 汽油泵不良； 输油管路或汽油滤清器堵塞
喷油控制信号不良	冷却液温度传感器不良； 空气流量计不良； 传感器至控制器线路不良； 控制器不良
喷油器堵塞或漏油	喷油器针阀密封不严或被污物堵住

4.8.6 柴油机燃油供给系统常见故障诊断与排除

柴油机燃油供给系统的常见故障有发动机不能起动或起动困难、发动机动力不足、发动机怠速不稳、发动机工作粗暴、排气管排烟不正常及发动机超速等。

1. 发动机起动困难

对于柴油发动机来说，如果能满足适当的燃油供给条件（喷油量及喷油雾化质量、喷油时间等）、充分的压缩压力和足够的起动转速（150～300r/min），则能正常起动。在分析故障原因时应首先考虑这些条件。

1）故障现象

当起动机正常工作而发动机不能起动时，多是供给系统工作不良引起的，常见的故障现象如下：

（1）发动机无起动迹象，排气管无烟排出。

（2）发动机有起动迹象，排气管冒白烟，但不能发动。

2）故障原因

（1）属于低压油路的原因如下：

① 油箱内无油或存油不足。

② 油箱开关未打开或油箱盖空气孔堵塞。

③ 油箱至喷油泵间管路堵塞。

④ 油箱至输油泵间管路中有漏气部位，使油路中进入空气。

⑤ 柴油滤清器或输油泵滤网堵塞。

⑥ 喷油泵溢流阀不密封。

⑦ 油路中渗进了水或使用的柴油牌号不对。

（2）属于高压油路方面的原因如下：

① 喷油泵柱塞偶件磨损过甚，造成内泄漏大，使供油量达不到起动时的需要。

② 喷油泵油量调节机构卡滞，使柱塞不能转动或转动量过小。

③ 出油阀密封不良，造成不供油或供油不足。

④ 喷油器针阀积炭或烧结而不能开启。

⑤ 喷油器针阀开启压力调整过高。

⑥ 喷油器喷孔堵塞。

⑦ 高压油管中有空气或接头松动。

（3）其他方面的原因如下：

① 低温起动预热装置失效，发动机气缸内温度过低。

② 空气滤清器堵塞，或排气管排气不畅。

③ 供油时间过早或过迟。

④ 喷油雾化不良。

⑤ 气缸压缩压力过低，压缩终了的温度和压力达不到使柴油自燃的温度。

3）故障诊断与排除方法

（1）发动机无起动迹象，排气管无烟排出。

发动机起动时无着车迹象，排气管不排烟，说明柴油没有进入气缸，重点检查供给系统的堵塞、漏气和某些零部件的损坏。首先应确定故障出自低压油路还是高压油路。

将喷油泵放气螺钉松开,扳动手油泵,观察放气螺钉处是否流油,若不流油或流出泡沫状柴油,而且长时间扳动手油泵也排不尽,表明低压油路有故障。如果流油正常,则说明故障出在高压油路。

① 低压油路的故障诊断。若松开喷油泵放气螺钉,扳动手油泵,放气螺钉处无油流出,说明油箱中无油或油路堵塞。首先检查油箱中存油是否足够、油箱开关是否打开,油箱盖空气孔是否堵塞。若良好,可扳动手油泵试验。若拉手油泵拉钮时,明显感到有吸力,松手后又自行回位,说明油箱至输油泵的油路堵塞;若拉出手油泵拉钮时感觉正常,但压下去比较费力,说明输油泵至喷油泵的油路堵塞,可检查柴油滤清器是否堵塞。如果上下拉动手油泵拉钮时,均无正常的泵油阻力,说明手油泵失效,宜检查手油泵进出油阀是否关闭不严等。在寒冷地区严寒季节,柴油牌号选用不当或油中有水,容易造成柴油凝结或油中的水结冰而堵塞油管。

若松开喷油泵放气螺钉,扳动手油泵,放气螺钉处流出泡沫状柴油,而且长时间扳动手油泵也是如此,说明油箱至输油泵之间的管路漏气,供油系统中渗进空气发生了气阻。首先检查油管有无破裂、输油泵至油箱一段油管接头是否松动或油箱内上油管的上部是否开裂等。

② 高压油路故障诊断。松开喷油泵放气螺钉,扳动手油泵,放气螺钉处出油正常,但各缸喷油器无油喷出,可判断故障出自高压油路。

诊断高压油路故障时,应首先确定故障出自喷油泵还是喷油器。可在发动机转动时,用手触试各缸高压油管,若感到有喷油"脉动",说明故障不在喷油泵而在喷油器;若无"脉动"或"脉动"甚弱,说明故障在喷油泵。

喷油泵故障的检查。接通起动机,看喷油泵输入轴是否转动,万向节是否连接可靠,否则应检查万向节有无断裂,半圆键是否完好;拆开喷油泵侧盖,检查供油调节拉杆是否总处于不供油位置,若总处于不供油位置,应检查踏板拉杆、供油拉杆或调速器的卡滞故障;检查供油调节机构是否工作不良,踩下加速踏板,观察柱塞是否转动,若不转动,应检查调节叉或扇形小齿轮的固定螺钉是否松动,调节臂有无从中脱出或柱塞与柱塞套筒是否卡滞;检查喷油泵出油阀是否密封不严。拆下高压油管,用手油泵泵油,若出油阀溢油,说明出油阀密封不良;检查溢油阀的密封情况。

检查喷油器。喷油器可在喷油器试验台上进行试验。若就车检查,可将喷油器从气缸盖上拆下接上高压油管,然后起动发动机,观察其喷油情况。如雾化良好又不滴油,说明无故障;若雾化不良,应解体检查喷油器针阀是否卡滞、弹簧弹力、喷孔是否堵塞等。

高压油路诊断故障树如图 4.73 所示。

(2) 发动机起动困难,排气管冒白烟。

若柴油发动机在低温(特别是冬季)起动时排气管冒白烟,但在温度升高后排烟正常,这是正常现象。若发动机起动困难,虽有起动迹象但不能发动,或起动后又熄火,排气管冒出大量白烟,则为有故障。故障原因一般有两种情况:一是气缸中进了水或柴油中有水,燃烧后排气管排出大量水汽白烟;二是因为混合气形成条件差,气缸内温度较低,燃油不能很好地形成混合气而没有燃烧便排出去,一般呈白色烟雾。

气缸内进水,如果排出白烟,用手接近排气管消声器出口处,发现手上留有水珠,说明有水进入燃烧室。首先拔出油尺,观察曲轴箱机油油面是否升高,机油中是否有水(机

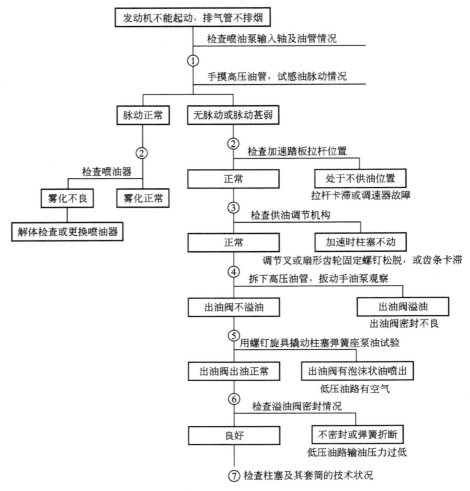

图 4.73 高压油路的诊断故障树

油颜色发白说明机油被水乳化),并在起动发动机时观察散热器上部有无气泡冒出。若机油有水、在起动发动机时散热器上部有大量气泡冒出,应检查气缸垫有无烧穿漏水、气缸盖螺栓有无松动、气缸盖或气缸体有无破裂漏水等。否则,应检查柴油中是否有水,可将油箱及柴油滤清器放污塞打开,放出水和沉淀物。

燃油燃烧不良,发动机起动困难,排气管冒白烟,经诊断气缸内没有进水,重点应考虑燃油燃烧条件不足等原因。诊断步骤如下:

① 检查起动预热装置是否损坏。
② 检查进气通道是否堵塞。
③ 检查和调整喷油正时。
④ 检查喷油器喷油雾化是否不良。
⑤ 检查气缸压力是否过低。
⑥ 检查喷油泵供油是否过多或过少。

2. 发动机动力不足

常见的发动机动力不足表现为发动机运转均匀，无高速，排气管排气量过少；发动机运转不均匀，排气管烟色不正常等。

1) 发动机运转均匀，无高速，排气管排气量过少

（1）故障现象：汽车行驶动力不足，加速不灵敏，踩下加速踏板后，转速不能提高到规定值，排气管排气量过少。

（2）故障原因：

① 加速踏板拉杆行程不能保证供给最大供油量。

② 调速器调整不当或调速弹簧过软使喷油泵不能保证最大供油量。

③ 喷油泵供油不足，原因是喷油泵油量调节拉杆（或齿条）达不到最大供油位置，喷油泵出油阀密封不良，喷油泵柱塞磨损过甚。

④ 输油泵工作不良使供油不足。

⑤ 低压油路堵塞造成供油不足。

⑥ 油箱至输油泵管路漏气，使油路中进入空气。

（3）故障诊断与排除：由故障现象可以断定，是因达不到额定供油量而使发动机动力不足。

首先检查加速踏板的行程。将加速踏板踩到底，然后用手扳动喷油泵油量调节臂，若还能向加油方向推动，说明加速踏板拉杆不能使喷油泵达到最大供油量，应予以调整；检查燃油系统是否吸入了空气，若吸入空气，应检查各油管接头是否松动，并将油路中的空气排出；检查燃油滤清器是否堵塞、油箱盖通气孔是否堵塞、输油泵滤网有无堵塞等；检查喷油泵的出油阀是否密封不良。若没有以上情况，则需用试验台来检查喷油泵和调速器的工作情况。

2) 发动机运转不均匀，排气管烟色不正常

柴油机在常用工况下，排气管排出的废气应是无色透明或接近无色透明的气体。只有在短时间内接近全负荷运转或起动时，排气才呈现灰色或深灰色。如果在常用工况下，废气带有某种颜色，则是故障的反映。如果供油系统发生故障，烟色一般为黑烟和白烟。冒蓝烟是由窜入气缸内的机油蒸发成蓝色气体后未及时燃烧而随废气排出所形成的现象，烟色淡蓝，且有臭味（冒蓝烟不属于供给系统的故障）。

（1）冒黑烟。

故障现象：发动机动力不足，运转不均匀，排气管冒黑烟，加速时出现敲击声。

故障原因：

① 空气滤清器严重堵塞，造成进气量不足。

② 喷油泵供油量过多或各缸供油不均匀度太大。

③ 喷油器喷雾质量不佳或喷油器滴油。

④ 供油时间过早。

⑤ 气缸压缩压力不足。

⑥ 柴油质量低劣。

故障诊断与排除方法：柴油机冒黑烟，大多是由各缸供油量不均匀或过多、吸入空气量不足、雾化不良、喷射时间过早等原因引起的不完全燃烧造成的。

①拆下空气滤清器，观察排气烟色。若冒黑烟情况好转，则故障为空气滤清器滤芯堵塞造成的。

②检查供油时间是否过早，若过早应调整。

③在发动机运转时，可逐缸断油试验。当某缸断油时，发动机转速降低，黑烟明显减少，敲击声变弱或消失，说明该缸供油量过多。若发动机转速变化小而黑烟消失，说明该缸喷油器喷雾质量差。找出有故障的单缸后，拆检喷油器。必要时，可换装新喷油器进行对比，若用新喷油器时故障消失，则说明原喷油器有故障。

④用上述方法仍不能排除故障时，对于喷油泵滚轮传动件具有调整螺钉的，应检查各缸供油间隔角是否一致，必要时进行调整。

⑤在试验台上检查喷油泵供油量和供油不均匀度是否符合标准。

⑥若以上各项均无问题，应对有故障的单缸测试压缩压力，以判断是否因气缸、活塞、活塞环等磨损漏气或气门密封不良等而造成压缩压力不足。

(2) 冒白烟。

故障现象：发动机动力不足，运转不均匀，排气管冒出大量白烟。

故障原因：

①供油时间过迟。

②柴油中有水或因气缸垫烧穿、缸盖破裂漏水等原因造成气缸进水。

③气缸温度过低或气缸压缩压力不足。

④喷油器喷雾质量不佳。

故障诊断与排除方法：柴油机排气冒白烟分为灰白烟和水汽白烟两种。

①首先检查发动机温度，若温度过低，则应检查冷却强度调节装置，如节温器、百叶窗等工作是否正常。在冬季，柴油机冷起动后往往冒白烟，但当发动机温度正常后白烟能自行消失，这属于正常现象。

②若发动机温度正常，排气管排水蒸气烟雾时，将手靠近排气管口处，当白烟掠过，手面留有水珠，则应检查柴油中是否有水或缸垫烧穿、缸盖破裂漏水等。

③发动机动力不足，排气管排灰白色烟雾，一般是供油时间过迟，应检查和调整供油时间。

④检查喷油器的喷雾质量。首先采用单缸断油的方法，找出工作不良的气缸。拆下喷油器，在缸外仍连接到原来的高压油管上，起动柴油机运转，观察喷雾质量。若喷雾质量不佳，应对喷油器进行检查和调整，必要时更换喷油器。

⑤若发动机刚起动时冒白烟，温度升高后冒黑烟，通常是气缸压力过低造成的。

3. 柴油机工作粗暴

柴油机工作粗暴是指柴油机工作时，气缸内燃烧的混合气的温度和压力急剧升高。由于压力升高率太大，爆炸性压力波相互撞击并撞击燃烧室壁和活塞顶，产生一种类似金属敲击的响声，称为"着火敲击"。

柴油机的供油时间应随转速的增加而提前。有些没有供油提前角自动调节装置的发动机，其供油提前角只适合于额定转速，在低速和怠速时就显得供油时间过早，因而会发出均匀的敲击声，这是正常现象。如果发生下列现象，则为柴油机工作粗暴故障。

1) 故障现象

(1) 发动机产生有节奏的(清脆的)类似金属的敲击声,急加速时响声更大,排气管冒黑烟。

(2) 气缸内发出低沉不清晰的敲击声。

(3) 敲击声没有节奏并冒黑烟。

2) 故障原因

(1) 喷油时间过早。

(2) 喷油雾化不良。

(3) 进气通道堵塞或空气滤清器堵塞。

(4) 各缸喷油不均。

(5) 喷油器滴油。

(6) 选用的柴油牌号不当。

3) 故障诊断与排除方法

当柴油机产生类似敲缸声时,应首先确定是着火敲击还是机件敲击。

(1) 急减速试验:着火敲击声暂无,随后又出现;机件敲击声将连续发响。在异响的同时观察排烟,着火敲击的同时排气管排黑烟或灰白烟,机件敲击时排气管不排烟或排蓝烟。

(2) 如果响声均匀,说明各缸工作情况差不多。其故障原因与喷油正时、进气情况、柴油性能等方面有关。

急加速试验:若响声尖锐,排气管冒黑烟,通常是喷油时间过早;若加速困难、声调低沉,排气管冒白烟,是喷油时间过迟,应检查并调准供油提前角。

若调整供油正时的效果不明显,则应检查空气滤清器是否堵塞、进气通道是否畅通。若进气通道畅通,仍有响声,便应考虑柴油牌号选择得是否适当。

(3) 如果响声不均匀,说明各缸工作情况不一致,可用单缸断油的方法找出工作不良的气缸。若怀疑某喷油器工作不良,可用一标准喷油器或与其他缸调用喷油器,倘若这时声响消失(或转移他缸)则表明故障就在喷油器。若怀疑某缸供油量过大,可用减油法试验,减油之后响声和排烟应消失。若减油之后故障减弱并不消失,只有断油才完全消失,则说明故障原因在喷油时间过早。

柴油机工作粗暴的诊断故障树如图 4.74 所示。

4. 发动机超速

柴油机的转速失去控制、疾转不止的现象称为超速(俗称"飞车")。

1) 故障现象

柴油机在汽车运行中或自身空转中,尤其是全负荷或超负荷运转突然卸荷后,转速自动升高,超过额定转速而失去控制。

2) 故障原因

引起超速的主要原因有两个方面:一方面是喷油泵和调速器的故障,使调速失灵;另一方面是柴油机在运转过程中有额外的柴油或机油进入燃烧室燃烧。

(1) 喷油泵、调速器的故障:

① 加速踏板拉杆或喷油泵供油调节齿杆卡滞,使其在额定供油位置回不来。

② 油量调节齿杆和调速器拉杆脱节。

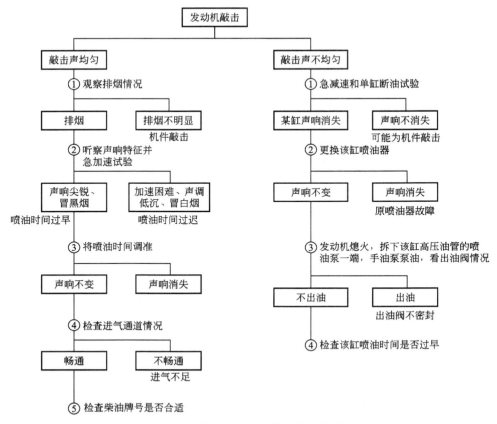

图 4.74 柴油机工作粗暴的诊断故障树

③ 柱塞的油量调节齿圈固定螺钉松动使柱塞失去控制。
④ 调速器的高速限制螺钉或最大供油量调整螺钉调整不当。
⑤ 调速器内润滑油过多或机油太脏、黏度过大，使飞球甩不开。
⑥ 调速器因飞球组件犯卡、锈污、松旷或解体等原因失去效能或效能不佳。

（2）燃烧室进入额外燃料，其来源有：
① 气缸窜油，使润滑油进入燃烧室燃烧。
② 惯性油浴式空气滤清器加油过多被吸入燃烧室。
③ 带增压器的柴油机，由于增压器油封损坏，机油进入燃烧室燃烧。

3）故障诊断与排除方法

"飞车"的故障一般很少见，但喷油泵调速器调整不当或使用时盲目调整调速器的重要部位（加有铅封的调整螺钉），则"飞车"故障时有发生。无论是正在行驶的汽车还是停驶的汽车，一旦出现"飞车"，首先要采取紧急措施，设法立即熄火，避免事故发生；然后再诊断并排除故障。

紧急措施：
（1）若汽车在运行中，千万不要脱挡或踩下离合器，应紧急制动直至发动机熄火。
（2）若汽车静止，发动机空转，则立即采用断油或断气的方法使发动机熄火。

① 迅速将加速踏板收回到停车位置，拉出灭火拉钮。
② 有减压装置的迅速将减压手柄拉到减压位置。
③ 进、排气管道带阀门的可将阀门关闭，没有阀门的可拆下空气滤清器，堵住进气管道。
④ 供油拉杆或齿杆外露的喷油泵，可迅速将拉杆推向停油位置。
⑤ 松开各缸高压油路或低压油路的油管接头，以停止供油。
⑥ 及时挂入高速挡，踩下制动踏板，缓抬离合器，使发动机熄火。

诊断：

（1）发动机熄火后，反复踩动加速踏板或搬动喷油泵操纵臂，从喷油泵外部或拆下侧盖从内部检视供油拉杆（或齿杆）的轴向活动情况。若供油拉杆（或齿杆）不能轴向活动，则故障是供油拉杆（或齿杆）在其承孔内因缺油、锈蚀等原因犯卡而不能回位造成的。

（2）打开调速器上盖，检查调速器飞球组件与供油拉杆（或齿杆）的连接是否脱开，调速器内机油是否加得太多或机油黏度太大，调速器飞球组件是否犯卡、锈滞、松旷或解体。

（3）拆下喷油泵调速器总成，在试验台上进行检修与调试，合格后再装机。

（4）若供油系统良好，应检查气缸有无额外进入燃料。例如，空气滤清器或增压器的机油能否漏入气缸；气缸是否窜机油等。

发动机熄火后，必须找出造成超速事故的原因所在，并做彻底排除后，才允许再次起动发动机，否则发动机起动后，又将出现"飞车"。

1. 简述气缸技术状况的检测过程。
2. 简述活塞检测的注意事项。
3. 如何检测气缸体和气缸盖裂纹？
4. 简述测量气缸的方法。
5. 简述配气机构的检修过程。
6. 简述进、排气系统部件检修过程。
7. 简述机油泵的检修过程。
8. 简述喷油泵的检修过程。
9. 简述发动机的常见故障与排除方法。

参 考 文 献

[1] 陈文华. 汽车发动机构造与维修 [M]. 北京：人民交通出版社，2001.
[2] 郑伟光. 汽车发动机构造与维修 [M]. 北京：机械工业出版社，2002.
[3] 汤定国. 汽车发动机构造与维修 [M]. 北京：人民交通出版社，2011.
[4] 王盛良. 汽车发动机构造与检修技术 [M]. 北京：机械工业出版社，2010.
[5] 代洪. 汽车发动机构造与维修 [M]. 北京：化学工业出版社，2009.
[6] 陈家瑞. 汽车构造 [M]. 3版. 北京：机械工业出版社，2014.
[7] 张西振，韩梅. 汽车发动机构造与维修 [M]. 北京：机械工业出版社，2008.
[8] 魏建秋，蒋耕农. 国产大众系列轿车维修手册 [M]. 北京：金盾出版社，2009.